Treasures for Scholars Worldwide

契嵩集

桂學文庫·廣西歷代文獻集成

潘琦　主编

4

广西师范大学出版社
GUANGXI NORMAL UNIVERSITY PRESS
·桂林·

傳法正宗記卷第七　約七

藤州東山沙門釋契嵩編修

正宗分家略傳上 并序

序曰正宗至第六祖大鑒禪師其法益廣師弟子不復一一相傳故後世得各以爲家然承其家之風以爲學者又後世愈繁然周於

天下其事之本末已詳於傳燈廣燈二録宋高僧傳吾不復列之此而書者蓋次其所出之世系耳故分家傳起自大鑒而終於智達凡一千三百有四人也

大鑒所出法嗣凡四十三人其一曰西印度堀多三藏者一曰韶陽法海者一曰廬陵志

誠者一曰匾檐山曉了者一曰河北智隍者一曰鍾陵法達者一曰壽州智通者一曰江西志徹者一曰信州智常者一曰廣州志道者一曰廣州印宗者一曰清源山行思者一曰南嶽懷讓避諱者一曰温州玄覺者一曰司空山本淨者一曰婺州玄策者一曰曹溪令

韶者一曰西京光宅慧忠者一曰荷澤神會者一曰韶陽祇陀者一曰撫州淨安者一曰嵩山尋禪師者一曰羅浮定真者一曰南嶽堅固者一曰制空山道進者一曰善快者一曰部山緣素者一曰宗一者一曰秦望山善現者一南嶽梵行者一曰并州自在者一曰

西京咸空者一曰峽山泰祥者一曰光州法
淨者一曰清涼山辯才者一曰廣州吳頭陀
者一曰道英者一曰智本者一曰清苑法真
者一曰玄楷者一曰曇璀者一曰韶州刺史
韋據者一曰義興孫菩薩者
大鑒之二世曰清源行思禪師吉州安域人

也初於大鑒之衆最爲首冠大鑒嘗謂之曰從上以衣與法偕傳蓋取信於後世耳今吾得人何患乎不信我受衣來常恐不免於難今復傳之慮起其諍衣鉢宜留鎮山門汝則以法分化一方無使其絶思尋歸其鄉邑居清源山之靜居寺最爲學者所歸其法嗣一

人曰南嶽石頭希遷者
大鑒之二世曰南嶽懷讓禪師金州人也初
自嵩山安國師法會往參六祖大鑒大鑒問
曰什麼處來曰嵩山來大鑒曰什麼物恁麼
來讓曰說似一物即不中大鑒曰還可修證
否讓曰修證即不無汙染即不得大鑒曰秪

此不汙染諸佛之所護念汝既如是吾亦如是昔般若多羅所讖蓋於汝足下出一馬駒蹋殺天下人病在汝心不須速說讓即豁然大悟事大鑒歷十五載尋往南嶽居般若精舍四方學者歸之故其所出法嗣凡九人一曰江西道一者一曰南嶽常浩者一曰智達

者一曰坦然者一曰潮州神照者一曰楊州
嚴峻者一曰新羅國本如者一曰玄晟者一
曰東霧法空者
大鑒之二世曰羅浮定真禪師其所出法嗣一
人曰靈運者
大鑒之二世曰制空山道進禪師其所出法

嗣一人曰荆州玄覺者
大鑒之二世曰韶州下回田善快禪師其所
出法嗣一人曰善悟者
大鑒之三世曰司空山本淨禪師其所出法
嗣一人曰中使楊光庭者
大鑒之二世曰緣素禪師其所出法嗣二人

一曰韶州小道進者一曰韶州遊寂者
大鑒之二世曰祇陀禪師其所出法嗣一人
曰衡州道倩者
大鑒之二世曰南陽慧忠國師越州諸暨人
也姓冉氏得法於大鑒尋隱於南陽白崖山
黨子谷凡四十餘年不出其山唐肅宗聞其

風上元二年乃使其臣孫朝進馳詔及忠至京師賜肩輿上殿待以師禮然忠道力充甚智辯絶世雖以道規教帝者而無所畏憚沮折邪見輩雖難問萬端未嘗少爲之屈其所出法嗣五人一曰吉州躭源眞應者一曰鄧州香嚴惟戒者一曰開府孫知右者

肅宗皇帝　代宗皇帝

大鑒之二世曰洛陽荷澤神會禪師初以沙彌叅見大鑒因問荅乃發大慧戒後會大鑒入滅北秀之説浸盛會遂趨京師以天寶四年獨斷祖道為南北宗著書曰顯宗論大鑒所傳自是遂尊於天下其所出法嗣一十八

人一曰黄州大石山福林者一曰沂水蒙山光寶者一曰磁州法如者一曰懷安郡西隱山進平者一曰澧陽慧演者一曰河陽懷空者一曰南陽圓震者一曰宜春廣敷者一曰江陵行覺者一曰五臺山神英者一曰五臺山無名者一曰南嶽皓玉者一曰宣州志滿

者一曰涪州朗禪師者一曰廣陵靈坦者一曰寧州通隱者一曰益州南印者一曰河南尹李常者

大鑒之三世曰南嶽石頭希遷禪師其所出法嗣凡二十一人一曰荊州天皇道悟者一曰京兆尸利者一曰丹霞天然者一曰潭州

招提慧朗者一曰長沙興國振朗者一曰澧州藥山惟儼者一曰潭州大川和尚者一曰汾州石樓和尚者一曰鳳翔法門佛陀和尚者一曰潭州華林和尚者一曰潮州大巔和尚者一曰潭州長髭曠禪師者一曰水空和尚者一曰寶通者一曰海陵大辯者一曰渚

涇和尚者一曰衡州道詵者一曰漢州常清者一曰福州碎石和尚者一曰商州商嶺和尚者一曰常州義興和尚者

大鑒之三世曰道一禪師漢州什邡人也姓馬氏其形魁梧有異相出家初學律範禪定皆能專之晚至衡山會讓大師了大法要尋

以其法歸天下之學佛者然當時之王侯大人慕其道者北面而趨於下風不可勝數前祖之讖至是一皆應之其所出法嗣者凡一百三十七人大鑒之後世能以法而得人者一最爲隆盛一曰越州大珠慧海者一曰百丈惟政者一曰泐潭法會者一曰杉山智堅

者一曰汾潭惟建者一曰澧州茗溪道行者
一曰石鞏慧藏者一曰紫玉山道通者一曰
江西北蘭讓禪師者一曰洛京佛光如滿者
一曰南源道明者一曰忻州酈村自滿者一
曰鼎州中邑洪恩者一曰百丈懷海者一曰
鍋英者一曰崇泰者一曰玉姥山脩然者一

曰華州策禪師者一曰澧州智聰者一曰雲
秀山神鑒者一曰楊州智通者一曰杭州智
藏者一曰京兆懷韜者一曰處州法藏者一
曰河中府懷則者一曰常州明幹者一曰鄂
州洪潭者一曰象原懷坦者一曰潞府元禮
者一曰河中府保慶者一曰甘泉志賢者一

曰大會山道晤者一曰潞府法柔者一曰京兆覺平者一曰義興勝辯者一曰海陵慶雲者一曰洪州玄虛者一曰三角山總印者一曰魯祖山寶雲者一曰泐潭山常興者一曰處州西堂智藏者一曰京兆章敬懷暉者一曰栢巖明哲者一曰鵝湖大義者一曰伏生

山自在者一曰盤山寶積者一曰芙蓉山太
毓者一曰麻谷山寶徹者一曰鹽官齊安者
一曰五洩山靈默者一曰大梅山海常者一
曰京兆惟寛者一曰湖南如會者一曰鄂州
無等者一曰歸宗智常者一曰韶州清賀者
一曰紫陰山惟建者一曰封山洪濬者一曰

練山神翫者一曰崛山道圓者一曰玉臺惟然者一曰池州灰山曇覲者一曰荊州寶積者一曰河中府法藏者一曰漢南良津者一曰京兆崇禪師者一曰南嶽智周者一曰白虎法宣者一曰金窟惟直者一曰台州柏巖常徹者一曰乾元暉禪師者一曰齊州道巖

者一曰襄州常堅者一曰荊南寶正道本者一曰雲水靖宗者一曰荊州靈湍者一曰龍牙圓暢者一曰雙嶺道方者一曰羅浮山修廣者一曰峴山定慶者一曰越州惟獻者一曰光明普滿者一曰汾州無業者一曰澧州大同廣澄者一曰南泉普願者一曰五臺鄧

隱峯者一曰佛嶴和尚者一曰烏臼和尚者
一曰石霜大善者一曰石臼和尚者一曰本
溪和尚者一曰石林和尚者一曰西山亮座
主者一曰黑眼和尚者一曰米嶺和尚者一
曰齊峯和尚者一曰大陽和尚者一曰紅螺
山和尚者一曰龜洋無了者一曰利山和尚

者一曰乳原和尚者一曰松山和尚者一曰則川和尚者一曰西園曇藏者一曰百靈和尚者一曰金牛和尚者一曰洞安和尚者一曰忻州打地和尚者一曰秀溪和尚者一曰馬頭峯神藏者一曰華林善覺者一曰水塘和尚者一曰古寺和尚者一曰江西椑樹和

尚者一曰京兆草堂和尚者一曰陽岐甄叔
者一曰濛溪和尚者一曰黑澗和尚者一曰
興平和尚者一曰道進和尚者一曰福溪和
尚者一曰水老和尚者一曰浮盃和尚者一
曰龍山和尚者一曰居士龐蘊者一曰天目
明覺者一曰王屋山行明者一曰京兆智藏

者一曰大陽希項者一曰昆山定覺者一曰
隨州洪山大師者一曰連州元堤者一曰泉
州慧忠者一曰安豐山懷空者一曰羅浮山
道行者一曰廬山法藏者一曰呂后山寧貫
者
大鑒之三世曰下回田善悟禪師其所出法

嗣一人曰潭州無學者
大鑒之三世曰衡州道倩禪師其所出法嗣
一人曰湖南如寶者
大鑒之三世曰耽源山眞應禪師其所出法
嗣一人曰吉州正邃者
大鑒之三世曰法如禪師其所出法嗣一人

曰荆南惟忠者
大鑒之三世曰河陽懷空禅師其所出法嗣
一人曰蔡州道明者
大鑒之三世曰烏牙山圓震禅師其所出法
嗣二人一曰吴頭陀者一曰四面山法智者
大鑒之三世曰五臺山無名禅師其所出法

嗣一人曰五臺山華嚴澄觀者
大鑒之三世曰益州南印因禪師其所出法
嗣一人曰義俛者
大鑒之四世曰鄧州丹霞山天然禪師其所
出法嗣七人一曰京兆翠微無學者一曰丹
霞義安者一曰吉州性空者一曰本童和尚

者一曰米倉和尚者一曰楊州六合大隱者
一曰丹霞慧勤者
大鑒之四世曰藥山惟儼禪師其所出法嗣
九人一曰道吾圓智者一曰雲巖曇晟者一
曰華亭舡子德誠者一曰宣州椑樹慧省者
一曰藥山高沙彌者一曰鄂州百顏明哲者

一曰郢州涇源光宓者　一曰藥山夔禪師者
一曰宣州落霞和尚者
大鑒之四世曰潭州長髭曠禪師其所出法
嗣一人曰潭州石室善道者
大鑒之四世曰潮州大顛和尚其所出法嗣
二人一曰漳州三平山義忠者一曰萊山和

尚者

大鑒之四世曰潭州大川禪師其所出法嗣二人一曰僊天和尚者一曰福州普光和尚者

大鑒之四世曰虔州西堂智藏禪師其所出法嗣四人一曰虔州處微者一曰雞林道義

者一曰新羅國慧禪師者一曰新羅國洪直
者
天鑒之四世曰蒲州麻谷山寶徹禪師其所
出法嗣二人一曰壽州遂良者一曰新羅無
染者
大鑒之四世曰湖南東寺如會禪師其所出

法嗣四人一曰吉州棻山慧超者一曰舒州景諸者一曰莊嚴寺光肇者一曰潭州幕輔山昭禪師者

大鑒之四世曰京兆章敬寺懷惲禪師其所出法嗣凡十六人一曰京兆弘辯者一曰龜山智真者一曰鼎州懷政者一曰金州操禪

師者一曰鼎州古提和尚者一曰河中府公識和尚者一曰栢林閑雲者一曰宣州玄哲者一曰河中府寶堅者一曰西京道志者一曰絳州神祐者一曰西京智藏者一曰許州無迹者一曰壽山惟肅者一曰新羅玄昱者一曰新羅覺體者

大鑒之四世曰杭州鹽官齊安禪師其所出
法嗣八人其一曰襄州關南道常者一曰洪
州雙嶺玄眞者一曰徑山鑒宗者一曰白雲
曇靖者一曰潞府文舉者一曰新羅品日者
一曰壽州建宗者　唐宣宗皇帝
大鑒之四世曰婺州五洩山靈黙禪師其所

出法嗣四人一曰福州龜山正原者一曰甘泉寺曉方者一曰甘泉寺元遂者一曰明州棲心寺藏奐者

大鑒之四世曰洛京佛光寺如滿禪師其所出法嗣一人曰太子少傅白居易者

大鑒之四世曰明州大梅山法常禪師其所

出法嗣二人其一曰新羅國迦智者一曰杭州天龍和尚者一曰新羅國忠彥者

大鑒之四世曰荊州永泰寺靈湍禪師其所出法嗣五人其一曰湖南上林成虛者一曰五臺祕魔和尚者一曰湖南祗林和尚者一曰呂后山文質者一曰蘇州法河者

大鑒之四世曰幽州盤山寶積禪師其所出法嗣二人一曰鎭府普化和尚者一曰鎭州上方和尚者

大鑒之四世曰京兆興善寺惟寬禪師其所出法嗣六人一曰京兆法智者一曰京兆慧建者一曰京兆無表者一曰京兆元淨者一

曰京兆慧光者一曰京兆義宗者
大鑒之四世曰雲水靖宗禪師其所出法嗣
二人一曰華州小馬神照者一曰華州道圓
者
大鑒之四世曰潭州龍牙山圓暢禪師其所
出法嗣二人一曰嘉禾藏廙者一曰羊腸藏

樞者
大鑒之四世曰汾州無業大達國師其所出法嗣二人其一曰鎮州常正者一曰鎮州奉先義禪師者
大鑒之四世曰廬山歸宗寺法常（或作智常）禪師其所出法嗣六人一曰福州芙蓉山靈訓者

曰漢南穀城縣高亭和尚者一曰新羅大茅
和尚者一曰五臺山智通者一曰洪州高安
大愚者一曰江州刺史李渤者
大鑒之四世曰魯祖山寶雲禪師其所出法
嗣一人曰雲水和尚者
大鑒之四世曰紫玉山道通禪師其所出法

嗣一人曰山南道節度使于迪者
大鑒之四世曰華嚴寺智藏禪師其所出法
嗣一人曰黃州齊安和尚者
大鑒之四世曰懷海禪師福州長樂人也初
參道一禪師於南康得大法要及居百丈山
四方學士莫不歸之然海師尤有遠識嘗以

禪者所會未始有劑度遂以其事宜折中於
經律之規法遺於後世其所出法嗣凡二十
人一曰溈山靈祐者一曰黃蘗希運者一曰
大慈山寰中者一曰天台普岸者一曰石霜
性空者一曰筠州常觀者一曰福州大安者
一曰古靈神贊者一曰廣州通禪師者一曰

江州雲龍（或作龍雲）臺禪師者，一曰洛京衛國道禪師者，一曰鎮州萬歲和尚者，一曰洪州東山和尚者，一曰高安無畏者，一曰東巖道曠者，一曰刑州秦納衣白者，一曰尾州大乘山吉本者，一曰小乘山慧深者，一曰楊州昭一者，一曰羅浮鑒深者，一曰洪州九僊山梵雲者一曰百丈涅槃和尚者一曰廬山操禪師者一曰越州契眞者一曰鈞州包山天性者一曰大梅山彼岸者一曰遼山藏術者一曰祇闍山道方者一曰清田和尚者一曰大于和尚者

大鑒之四丗曰荆南惟忠禪師其所出法嗣

四人一曰道圓者一曰益州如一者一曰廬山東林雅禪師者一曰奉國臣照者

大鑒之四世曰吴頭陀其所出法嗣一人曰玄固者

大鑒之四世曰池州南泉普願禪師其所出法嗣凡十七人其一曰長沙景岑者一曰白

馬曇照者一曰終南山師祖者一曰香嚴義端者一曰趙州從諗者一曰池州靈鷲閑禪師者一曰茱萸山和尚者一曰子湖利蹤者一曰嵩山和尚者一曰日子和尚者一曰蘇州西禪和尚者一曰池州白衣甘贄者一曰資山有制者一曰江陵道弘者一曰宣州玄極

者一曰新羅道均者一曰宣州刺史陸亘者

大鑒之四世曰荊州天皇道悟禪師其所出

法嗣一人曰澧州龍潭崇信者

大鑒之五世曰澧州龍潭崇信禪師其所出

法嗣二人一曰德山宣鑒者一曰泐潭寶峯

和尚者

大鑒之五世曰趙州東院從諗禪師其所出法嗣凡一十三人一曰洪州嚴陽尊者一曰楊州慧覺者一曰隴州奉禪師者一曰婺州從朗者一曰婺州新建禪師者一曰杭州多福和尚者一曰益州西睦和尚者一曰麻谷和尚者一曰觀音定鄂者一曰宣州茗萍和

尚者一曰太原孚道者一曰幽州燕王者一曰鎮州趙王者
大鑒之五世曰衢州子湖巖利蹤禪師其所出法嗣四人一曰台州勝光和尚者一曰漳州浮石和尚者一曰紫桐和尚者一曰日容和尚者

大鑒之五世曰鄂州茱萸禪師其所出法嗣

一人曰石梯和尚者

大鑒之五世曰長沙景岑禪師其所出法嗣

二人一曰雪竇常通者一曰婺州巖靈者

大鑒之五世曰白馬曇照禪師其所出法嗣

一人曰晉州霍山無名者

大鑒之五世曰吉州性空禪師其所出法嗣二人一曰歙州務源和尚者一曰棗山光仁者

大鑒之五世曰京兆翠微無學禪師其所出法嗣五人一曰鄂州青平令遵者一曰投子山大同者一曰湖州道場如訥者一曰建州

白雲約禪師者一曰伏牛山元通者
大鑒之五世曰潭州道吾山圓智禪師其所
出法嗣三人一曰石霜慶諸者一曰漸源仲
興者一曰禄清和尚者
大鑒之五世曰潭州雲岩曇晟禪師其所出
法嗣四人一曰筠州洞山良价者一曰涿州

杏山鑒洪者一曰潭州神山僧密者一曰幽
谿和尚者
大鑒之五世曰華亭船子德誠禪師其所出
法嗣一人曰澧州夾山善會者
大鑒之五世曰襄州關南道常禪師其所出
法嗣二人一曰關南道吾者一曰漳州羅漢

者
大鑒之五世曰杭州徑山鑒宗大師其所出
法嗣三人一曰天童咸啓者一曰背山行眞
者一曰杭州大慈山行滿者
大鑒之五世曰天龍禪師其所出法嗣二人
一曰婺州俱胝和尚者一曰新羅彦忠者

大鑒之五世曰高安大愚禪師其所出法嗣一人曰筠州末山尼了然者

大鑒之五世曰新羅洪直禪師其所出法嗣二人一曰興德大王者一曰宣康太子者

大鑒之五世曰許州無迹禪師其所出法嗣一人曰道遂者

大鑒之五世曰小馬神照禪師其所出法嗣一人曰縉雲郡有緣者
大鑒之五世曰福州長慶院大安禪師其所出法嗣凡一十人一曰大隨法真者一曰靈樹如敏者一曰福州壽山師解者一曰饒州薨山和尚者一曰莆田崇福慧日者一曰台

州浮江和尚者一曰潞州渌水和尚者一曰廣州圓或作圖明禪師一曰温州靈陽禪師者一曰洪州紙衣和尚者

大鑒之五世曰洪州黄蘗山希運禪師其所出法嗣凡一十三人一曰臨濟義玄者一曰睦州陳尊宿者一曰杭州千頃山楚南者一

曰福州烏石山靈觀者一曰杭州羅漢宗徹者一曰魏府大覺者一曰相國裴休者一曰揚州德元者一曰土門讚禪師者一曰襄州政禪師者一曰吳門山弘宣者一曰幽州超禪師者一曰蘇州憲禪師者

大鑒之五世曰潭州潙山靈祐禪師其所出

法嗣凡四十二人一曰仰山慧寂者一曰香嚴智閑者一曰延慶法端者一曰徑山洪諲者一曰靈雲志勤者一曰益州應天和尚者一曰九峯慈慧者一曰京兆米和尚者一曰晉州霍山和尚者一曰襄州王敬初常侍者一曰長延圓鑒者一曰志和者一曰洪州道

方者一曰潙山如眞者一曰并州元順者一曰興元府崇皓者一曰鄂州全諗者一曰嵩山神劒者一曰許州弘進者一曰餘杭文立者一曰越州光相者一曰蘇州文約者一曰上元智滿者一曰金州法朗者一曰鄂州超達者一曰白鹿從約者一曰西堂復禪師者

一曰温州靈空者一曰大溈簡禪師者一曰荆南智朗者一曰溈山晉潤者一曰溈山法眞者一曰黒山和尚者一曰滁州神英者一曰石（或無石字）霜山和尚者一曰南源和尚者一曰溈山冲逸者一曰溈山彥禪師者一曰三用法遇者一曰鄧州志詮者一曰荆州弘珪

者一曰巖背道曠者
大鑒之五世曰遂州道圓禪師其所出法嗣
一人曰終南山圭峯宗密者
大鑒之五世曰奉國神照禪師其所出法嗣
三人一曰鎮州常一者一曰滑州智遠者一
曰鹿臺玄邃者

大鑒之六世曰筠州洞山良价禪師其所出法嗣凡二十六人一曰雲居道膺者一曰撫州本寂者一曰洞山道全者一曰龍牙居遁者一曰京兆休靜者一曰京兆蜆子和尚者一曰筠州普滿者一曰台州道幽者一曰洞山師虔者一曰洛京遁儒者一曰越州乾峯

和尚者一曰吉州禾山和尚者一曰天童咸
啓者一曰潭州寶蓋山和尚者一曰益州通
禪師者一曰高安白水本仁者一曰撫州踈
山光仁者一曰澧州欽山文邃者一曰天童
義禪師者一曰太原方禪師者一曰新羅金
藏和尚者一曰益州白禪師者一曰潭州文

殊和尚者一曰舒州白水和尚者一曰邵州
西湖和尚者一曰青陽通玄和尚者
大鑒之六世曰鼎州德山宣鑒禪師其所出
法嗣九人一曰巖頭全豁者一曰雪峯義存
者一曰天台慧恭者一曰泉州瓦官者一曰
高亭簡禪師者一曰洪州資國和尚者一曰

德山紹甗者一曰鳳翔府無垢者一曰益州
雙流尉遲者
大鑒之六世曰睦州陳尊宿其所出法嗣二
人一曰睦州刺史陳操者一曰嚴陵釣臺和
尚者
大鑒之六世曰鎮州臨濟義玄禪師曹州南

華人也姓邢氏少有遠志戒後即務學宗乘及往黃蘗法會其上座僧初勸禪師問法於黃蘗曰如何是祖師西來的的意黃蘗便打禪師凡三問黃蘗皆三打之師以此乃告辭其上座僧上座遂謂黃蘗曰義玄雖後生可教若辭去師宜多方接之明日義玄果辭黃

蘗遂謂汝可往大愚及玄至大愚因問曰什麼來玄曰黃蘗來大愚曰黃蘗有何言教言義玄嘗三問如何是西來的的意爲其三度打之不知過在何處大愚曰黃蘗恁麼老婆爲汝得徹困猶覓過在玄於是大悟曰元來佛法也無多子大愚遽搊玄曰汝適來道我

不會而今又道無多子是多少來是多少來玄遂揮大愚肋下一拳大愚托開玄曰汝師黄蘗非干我事玄却返黄蘗黄蘗問曰汝迴何速玄曰秖爲老婆心切黄蘗曰大愚遮老漢待見與打一頓玄曰説什麽待見即今便打遂敺黄蘗一掌黄蘗吟吟大笑禪師後乃

還道人慕之遂命居臨濟學者聞風皆不遠歸之其所出法嗣凡二十四人一曰鄂州灌谿志閑者一曰幽州譚空者一曰鎮州寶壽沼和尚者一曰鎮州三聖慧然者一曰魏府存獎者一曰定州善崔者一曰鎮州萬歲和尚者一曰雲山和尚者一曰桐峯菴主者

一曰杉洋庵主者一曰涿州紙衣和尚者一曰虎谿庵主者一曰覆盆庵主者一曰襄州歷村和尚者一曰滄州米倉和尚者一曰齊聳者一曰涿州秀禪師者一曰善權徹禪師者一曰金沙禪師者一曰允誠禪師者一曰新羅智異山和尚者一曰魏府大覺者一曰

定上座者一曰戲上座者

大鑒之六世曰魏府大覺禪師其所出法嗣四人一曰廬州大覺者一曰廬州澄心旻德者一曰汝州南院和尚者一曰宋州法華和尚者

大鑒之六世曰圭峯宗密禪師其所出法嗣

六人一曰圭峯温禪師者一曰慈恩太恭者一曰興善太錫者一曰萬乘宗禪師者一曰瑞聖覺禪師者一曰化度仁瑜者

大鑒之六世曰鹿臺玄邃禪師其所出法嗣一人曰龍興念禪師者

大鑒之六世曰滑州智遠禪師其所出法嗣

四人一曰彭門審用者一曰圓紹者一曰上方眞禪師者一曰東京法志者

大鑒之六世曰楊州光孝院慧覺禪師其所出法嗣一人曰昇州長慶道巘者

大鑒之六世曰袁州仰山慧寂禪師其所出法嗣凡一十人一曰仰山光穆者一曰晉州

景通者一曰杭州龍泉文喜者一曰新羅順支者一曰仰山南塔光涌者一曰仰山東塔和尚者一曰洪州觀音常蠲者一曰福州東禪慧茂者一曰福州明月山道崇者一曰處州遂昌者

大鑒之六世曰鄧州香嚴智閑禪師其所出

法嗣凡一十二人一曰吉州止觀者一曰壽州紹宗者一曰襄州延慶法端者一曰益州無染者一曰益州長平山和尚者一曰益州演教大師者一曰安州清幹者一曰終南山豐德寺和尚者一曰均州武當山暉禪師者一曰江州雙谿田道者一曰益州照覺和尚

者一曰睦州東禪和尚者
大鑒之六世曰福州雙峯禪師其所出法嗣
一人曰雙峯古禪師者
大鑒之六世曰杭州徑山洪諲禪師其所出
法嗣四人一曰洪州米嶺和尚者一曰廬州
寂禪師者一曰臨川義直者一曰杭州功臣

令道者
大鑒之六世曰舒州投子山大同禅師其所出法嗣凡一十三人一曰第二世投子温禅師者一曰福州牛頭微禅師者一曰西川香山澄照者一曰陝府天福和尚者一人濠州思明者一曰鳳翔招福者一曰興元中梁山

遷古者一曰襄州谷隱和尚者一曰安州九
嵕山和尚者一曰幽州盤山第二世和尚者
一曰九嵕山敬慧者一曰東京觀音巖俊者
一曰桂陽龍福眞禪師者
大鑒之六世曰鄂州清平山令遵禪師其所
出法嗣一人曰蘄州三角山令珪者

大鑒之六世曰潭州石霜慶諸禪師其所出法嗣凡四十一人一曰南際山僧一者一曰大光山居誨者一曰廬山懷祐者一曰九峯道虔者一曰涌泉景欣者一曰雲蓋山志元者一曰藏禪師者一曰福州洪荐者一曰德山慧空者一曰吉州崇恩者一曰石霜輝禪

師者一曰郢州芭蕉和尚者一曰潭州伏和尚者一曰鹿苑暉禪師者一曰寶蓋約禪師者一曰雲門海晏者一曰湖南文殊和尚者一曰石柱和尚者一曰中雲蓋和尚者一曰河中存壽者一曰南嶽玄泰者一曰杭州敬禪師者一曰潞府宗海者一曰新羅欽忠者

一曰新羅行寂者一曰洪州鹿源和尚者一曰大陽山和尚者一曰滑州觀音和尚者一曰鄆州王覽和尚者一曰商州高明和尚者一曰許州慶壽和尚者一曰鎮州萬歲和尚者一曰鎮州靈壽和尚者一曰鎮州洪濟和尚者一曰吉州簡之者一曰大梁洪方者一

曰邛州守閑者一曰新羅朗禪師者一曰新羅清靈者一曰汾州奕禪師者一曰餘杭通禪師者

大鑒之六世曰澧州夾山善會禪師其所出法嗣凡二十二人一曰樂普山元安者一曰洪州令超者一曰鄆州四禪和尚者一曰江

西懷忠者一曰盤龍可文者一曰撫州月輪者一曰洛京竅普者一曰太原海湖和尚者一曰嘉州白水寺和尚者一曰鳳翔府幽禪師者一曰洪州同安和尚者一曰韶州曇普者一曰吉州僊居山和尚者一曰太原端禪師者一曰洪州延慶和尚者一曰越州越峯

和尚者一曰鼎州祇闍山和尚者一曰益州
棲穆和尚者一曰嵩山全禪師者一曰益州
夾山院和尚者一曰西京雲巖和尚者一曰
安福延慶休和尚者
大鑒之七世曰灌溪志閑禪師其所出法嗣
一人曰也州曾祖山敎和尚者

大鑒之七世曰魏府興化存奬禪師其所出法嗣二人一曰汝州寶應和尚者一曰天鉢和尚者

大鑒之七世曰鎮州寶壽沼禪師其所出法嗣二人一曰汝州西院思明者一曰西院第二世寶壽和尚者

大鑒之七世曰洊州紙衣和尚其所出法嗣一人曰鎮州譚空者

大鑒之七世曰鎮州三聖慧然禪師其所出法嗣二人一曰鎮州大悲和尚者一曰淄州水陸和尚者

大鑒之七世曰濠州思明禪師其所出法嗣

一人曰襄州善本者
大鑒之七世曰潭州大光山居誨禪師其所
出法嗣凡一十三人一曰潭州有緣者一曰
龍興和尚者一曰潭州伏龍山第一世和尚
者一曰潭州伏龍山第二世和尚者一曰京
兆白雲善藏者一曰潭州伏龍山第三世和

尚者一曰陜府龍峻山和尚者一曰大光山玄禪師者一曰漳州藤霞和尚者一曰宋州淨覺和尚者一曰華州證和尚者一曰鄂州永壽和尚者一曰鄂州靈竹和尚者

大鑒之七世曰筠州九峯道虔禪師其所出法嗣凡一十人一曰新羅清院和尚者一曰

洪州泐潭神黨者一曰吉州行脩者一曰洪州明禅師者一曰吉州嵇和尚者一曰洪州延茂和尚者一曰洪州同安常察者一曰洪州泐潭悟禅師者一曰吉州禾山無殷者一曰泐潭牟和尚者

大鑒之七世曰台州涌泉景欣禅師其所出

法嗣一人曰台州六通紹禪師者
大鑒之七世曰潭州雲蓋山志元禪師其所
出法嗣三人一曰雲蓋山志罕禪師者一曰
新羅臥龍和尚者一曰彭州天台和尚者
大鑒之七世曰潭州谷山藏禪師其所出法
嗣三人一曰新羅瑞巖和尚者一曰新羅泊

嚴和尚者一曰新羅大嶺和尚者
大鑒之七世曰潭州中雲蓋山禅師其所出
法嗣一人曰雲蓋山景和尚者
大鑒之七世曰河中府棲巖存壽禪師其所
出法嗣一人曰道德者
大鑒之七世曰洪州雲居山道膺禪師其所

出法嗣凡二十八人一曰杭州佛日和尚者一曰蘇州永光院眞禪師者一曰洪州同安丕禪師者一曰歸宗澹權者一曰池州廣濟和尚者一曰潭州水西南臺和尚者一曰歙州朱谿謙禪師者一曰揚州豐化和尚者一曰雲居山道簡者一曰歸宗懷惲者一曰洪

州大善慧海者一曰鼎州德山第七世和尚者一曰南嶽南臺和尚者一曰雲居山昌禪師者一曰池州梵山章禪師者一曰晉州大梵和尚者一曰新羅雲柱和尚者一曰雲居山懷岳者一曰⿰阝令珏和尚者一曰潭州龍興寺悟空者一曰建州白雲滅禪者者一曰潭

州幕輔山和尚者一曰舒州白水山瑋禪師者一曰廬州冶父山和尚者一曰南嶽法志者一曰新羅慶猷者一曰新羅慧禪師者一曰洪州鳳棲山慧志者

大鑒之七世曰撫州曹山本寂禪師其所出法嗣凡一十四人一曰撫州荷玉光慧者一

曰筠州洞山道延者一曰衡州育王山弘通者一曰撫州金峯從志者一曰襄州鹿門處眞者一曰撫州曹山慧霞者一曰衡州華光範禪師者一曰處州廣利容禪師者一曰泉州小谿院行傳者一曰西川布水巖和尚者一曰蜀川西禪和尚者一曰華州草庵法義

者一曰韶州華嚴和尚者一曰廬山羅漢池
隆山主者
大鑒之七世曰潭州龍牙山居遁禪師其所
出法嗣五人一曰潭州報慈藏嶼者一曰襄
州含珠山審哲者一曰鳳翔白馬弘寂者一
曰撫州崇壽院道欽者一曰楚州觀音院斌

禪師者
大鑒之七世曰京兆華嚴寺体靜禪師其所
出法嗣三人一曰鳳翔府紫陵匡一者一曰
饒州北禪院惟直者一曰濰州化城和尚者
大鑒之七世曰筠州九峯普滿禪師其所出
法嗣一人曰洪州同安威禪師者

大鑒之七世曰青林師虔禪師其所出法嗣六人一曰韶州龍光和尚者一曰襄州石門寺獻禪師者一曰襄州廣德和尚者一曰郢州芭蕉和尚者一曰定州石藏慧炬者一曰襄州延慶通性者

大鑒之七世曰洛京白馬遁儒禪師其所出

法嗣二人一曰興元府青剉山和尚者一曰
京兆保福和尚者
大鑒之七世曰益州北院通禪師其所出法
嗣一人曰京兆香城和尚者
大鑒之七世曰高安白水本仁禪師其所出
法嗣二人一曰京兆重雲智暉者一曰杭州

瑞龍幼璋者
大鑒之七世曰撫州踈山康仁禪師其所出
法嗣凡二十人一曰踈山第二世證禪師者
一曰洪州百丈安禪師者一曰筠州黃蘗慧
禪師者一曰隨城山護國守澄者一曰洛京
靈泉歸仁者一曰延州延慶奉璘者一曰安

州大安山省禪師者一曰洪州百丈超禪師者一曰洪州天王院和尚者一曰常州正勤院藴禪師者一曰襄州洞山和尚者一曰京兆三相和尚者一曰筠州五峯山行継者一曰商州高明和尚者一曰華州西谿道泰者一曰撫州踈山和尚者亡其出數一曰筠州黃蘗

山令約者一曰楊州祥光遠禪師者一曰安州大安山傳性者一曰筠州黃蘗巘禪師者大鑒之七世曰澧州欽山文邃禪師其所出法嗣二人一曰洪州上藍自古者一曰澧州太守雷滿者
大鑒之七世曰樂普山元安禪師其所出法

嗣十人一曰京兆永安善靜者一曰蘄州烏牙山彥賓者一曰鳳翔府青峯傳楚者一曰鄧州中度和尚者一曰嘉州洞谿和尚者一曰京兆臥龍和尚者一曰嘉州黑水慧通者一曰京兆盤龍和尚者一曰單州東禪和尚者一曰鄜州善雅者

大鑒之七世曰江西道遙山懷忠禪師其所出法嗣二人一曰泉州福清師巍者一曰京兆白雲無休者

大鑒之七世曰袁州盤龍山可文禪師其所出法嗣五人一曰江州廬山永安淨悟者一曰袁州木平山善道者一曰陜府龍谿和尚

者一曰桂陽志通者一曰廬州壽昌淨寂者
大鑒之七世曰撫州黄山月輪禪師其所出
法嗣一人曰郢州桐泉山和尚者
大鑒之七世曰洛京韶山寰普禪師其所出
法嗣二人一曰潭州文殊和尚者一曰祥州
大巖白和尚者

大鑒之七世曰洪州上藍令超禪師其所出法嗣二人一曰河東北院簡禪師者一曰洪州南平王鐘傳者

大鑒之七世曰袁州仰山南塔光涌禪師其所出法嗣五人一曰越州清化全付者一曰郢州芭蕉慧清者一曰韶州黃連山義初者

一曰韶州慧林鴻究者一曰洪州黃龍和尚者
大鑒之七世曰袁州仰山西塔光穆禪師其所出法嗣一人曰吉州資福如寶者
大鑒之七世曰鄂州巖頭全豁禪師其所出法嗣九人一曰台州師彦者一曰懷州彦禪

師者一曰吉州慧宗者一曰福州道閑者一
曰福州從範者一曰福州嚴禪師者一曰洪
州海一者一曰信州韶和尚者一曰洪州訥
和尚者
大鑒之七世曰洪州感潭資國禪師其所出
法嗣一人曰安州志圓者

大鑒之七世曰金陵道巘禪師其所出法嗣一人曰金陵廣化觑微者大鑒之七世曰福州雪峯義存禪師其所出法嗣五十六人一曰玄沙師備者一曰福州慧稜者一曰福州玄通者一曰杭州道怤者一曰福州長生山皎然者一曰鵝湖山智孚

者一曰漳州報恩懷岳者一曰杭州西興化度者一曰福州鼓山神晏者一曰漳州隆壽紹卿者一曰福州僊宗行瑫者一曰福州蓮華山從弇者一曰杭州龍華寺靈照者一曰明州翠巖令參者一曰福州弘瑫者一曰漳州雲蓋山歸本者一曰韶州林泉和尚者一

曰洛京南院和尚者一曰越州洞巖可休者一曰定州法海行周者一曰杭州龍井通禅師者一曰漳州保福從展者一曰泉州瑞龍道溥者一曰杭州龍興寺宗靖者一曰福州南禅契璠者一曰越州越山師鼐者一曰南嶽金輪可觀者一曰泉州福清玄訥者一曰

韶州雲門文偃者一曰衢州南臺仁禪師者一曰泉州東禪和尚者一曰餘杭大錢從襲者一曰福州永泰和尚者一曰池州和龍山守訥者一曰建州夢筆和尚者一曰福州古田極樂院允儼者一曰福州芙蓉山如體者一曰洛京憩鶴山和尚者一曰潭州溈山棲

禪師者一曰吉州潮山延宗者一曰益州普通山普明者一曰隨州雙泉梁家庵永禪師者一曰漳州保福超悟者一曰太原孚上座者一曰南嶽惟勁者一曰台州十相審超者一曰江州廬山訥禪師者一曰新羅國大無爲禪師者一曰潞州玄暉者一曰湖州清淨

和尚者一曰益州永安雪峯和尚者一曰廬
僊德明禪師者一曰撫州明水懷忠者一曰
益州懷杲果或作者一曰杭州耳相行脩者一
曰嵩山安德者
大鑒之七世曰汝州南院禪師其所出法嗣
一人曰汝州風穴延昭者

大鑒之七世曰汝州西院思明禪師其所出法嗣一人曰郢州興陽歸靜者

傳法正宗記卷第七　約七

傳法正宗記卷第八　約八

藤州東山沙門釋　契嵩　編修

正宗分家略傳下

大鑒之八世曰韶州雲門山文偃禪師蘇州嘉興人也姓張氏天性穎悟幼不類常童出家得戒學經律論未幾皆通及參訪善知識

一見睦州陳尊宿大達宗旨尋印可於雪峯存禪師自是匿曜一混於衆因南游至韶陽靈樹敏禪師法會敏異人也號能懸知見偃特相器重遂命爲衆之第一座及逝因遺書薦於廣主劉氏命禪師繼領其所居其後劉氏復治雲門大伽藍遷偃居之其聲遂大聞

四方學者歸之如水趍下然其風教峭迅趣道益至今天下尚之號爲雲門宗者也其所出法嗣凡八十八人一曰韶州白雲祥和尚者一曰德山緣密者一曰潭州南臺道遵者一曰韶州雙峯竟欽者一曰韶州資福和尚者一曰廣州廣雲元禪師者一曰廣州龍境

倫禪師者一曰韶州雲門爽禪師者一曰韶州白雲聞禪師者一曰韶州披雲智寂者一曰韶州淨法章和尚者一曰韶州温門山滿禪師者一曰岳州巴陵顥鑒者一曰連州地藏慧慈者一曰英州大容諲和尚者一曰廣州羅山崇禪師者一曰韶州雲門寶禪師者一

曰郢州臨谿竟脫者一曰廣州華嚴慧禪師
者一曰韶州舜峯韶和尚者一曰英州觀音
和尚者一曰韶州林泉和尚者一曰隨州雙
泉師寬者一曰韶州雲門煦和尚者一曰益
州香林澄遠者一曰南嶽般若啓柔者一曰
筠州黄蘗法濟者一曰襄州洞山守初者一

曰信州康國耀和尚者一曰潭州谷山豐禪師者一曰潁羅漢匡果者一曰鼎州滄谿璘和尚者一曰筠州洞山清稟者一曰蘄州北禪寂和尚者一曰泐潭道謙者一曰廬州南天王永平者一曰湖南永安朗禪師者一曰湖南潭明和尚者一曰金陵清涼明禪師者

一曰金陵奉先深禪師者一曰西川青城乘和尚者一曰潞府妙勝臻禪師者一曰興元普通封和尚者一曰韶州燈峰和尚者一曰韶州大梵圓和尚者一曰澧州藥山圓和尚者一曰信州鵝湖雲震和尚者一曰廬山開先清耀者一曰襄州奉國清海者一曰韶州

慈光和尚者一曰潭州保安師密者一曰洪州雲居山融禪師者一曰衡州大聖寺守賢者一曰廬州北天王徽禪師者一曰郢州芭蕉山弘義者一曰眉州福化院光禪師者一曰廬州東天王廣慈者一曰信州西禪欽禪師者一曰江州慶雲真禪師者一曰韶州雙

峯慧真者一曰雲門山法球者一曰韶州廣
悟者一曰韶州長樂山政禪師者一曰韶州
佛陀山遠禪師者一曰韶州鷲峯山韶禪師
者一曰韶州淨源山真禪師者一曰韶州月
華山禪師者一曰韶州雙峯真禪師者一曰
隨州雙泉山郁禪師者一曰慈雲山深禪師

者一曰廬州化城鑒禪師者一曰廬山護國禪師者一曰廬山慶雲禪師者一曰岳州永福朗禪師者一曰郢州趙横山禪師者一曰郢州纂子山庵主者一曰廬州南天三海禪師者一曰桂州覺華普照者一曰益州鐵幢覺禪師者一曰新州延長山禪師者一曰黄

龍山禪師者一曰眉州西禪光禪師者一曰蘄州北禪悟同者一曰舒州天柱山禪師者一曰韶州龍光山禪師者一曰龕州水精院宮禪師者一曰隋州智門山法觀者一曰雲門山朗上座者

大鑒之八世曰福州玄沙備禪師其所出法

嗣凡一十三人一曰漳州羅漢院桂琛者一曰福州安國慧球者一曰杭州天龍重機者一曰福州僊宗契符者一曰婺州國泰瑫禪師者一曰衡嶽南臺誠禪師者一曰福州白龍道希者一曰福州螺峯沖奥者一曰泉州睦龍和尚者一曰天台雲峯光緒者一曰福

州大章山契如者一曰福州永興和尚者一
曰天台國清師靜者
大鑒之八世曰福州長慶稜禪師其所出法
嗣凡二十六人一曰泉州招慶道匡者一曰
杭州龍華彥球者一曰杭州保安連禪師者
一曰福州報慈光雲者一曰廬山開先紹宗

者一曰婺州報恩寶資者一曰杭州傾心法
瑫者一曰福州水陸供儼者一曰杭州廣嚴
咸澤者一曰福州報慈慧朗者一曰福州長
慶常慧者一曰福州石佛靜禪師者一曰處
州翠峯從欣者一曰福州枕峯青換者一曰
福州東禪契訥者一曰福州長慶弘辯者一

曰福州東禪可隆者一曰福州僊宗守玭者一曰撫州永安懷烈者一曰福州閩山令含者一曰新羅龜山和尚者一曰吉州龍須山道殷者一曰福州祥光澄靜者一曰襄州鷲嶺明遠者一曰杭州報慈從瓌者一曰杭州龍華契盈者

大鑒之八世曰杭州龍冊寺道怤禪師其所出法嗣五人一曰越州清化山師訥者一曰衢州南禪遇緣者一曰復州資福智遠者一曰鈞州洞山龜端者一曰温州景豐者

大鑒之八世曰信州鵝湖智孚禪師其所出法嗣一人曰法進禪師者

大鑒之八世曰漳州報恩懷嶽禪師其所出
法嗣一人曰潭州妙濟師浩者
大鑒之八世曰福州鼓山神晏禪師其所出
法嗣凡十一人一曰杭州天竺子儀者一曰
建州白雲智作者一曰福州皷山智嚴者一
曰福州龍山智嵩者一曰泉州鳳皇山強禪

師者一曰襄州定慧和尚者一曰福州皷山清諤者一曰金陵淨德沖煦者一曰金陵報恩院清護者

大鑒之八世曰杭州龍華寺靈照禪師其所出法嗣七人一曰台州瑞巖師進者一曰台州六通院志球者一曰杭州雲龍歸禪師者

一曰杭州功臣道閑者一曰衢州鎭境遇緣者一曰福州報國照禪師者一曰台州白雲迺禪師者
大鑒之八世曰明州翠巖令參禪師其所出法嗣二人一曰杭州龍冊寺子興者一曰温州佛嶼知默者

大鑒之八世曰福州安國弘瑫禪師其所出
法嗣九人一曰福州白鹿師貴者一曰福州
羅山義聰者一曰福州安國從貴者一曰福
州怡山藏用者一曰福州永隆彦端者一曰
福州林陽志端者一曰福州興聖滿禪師者
一曰福州僊宗明禪師者一曰福州安國祥

和尚者

大鑒之八世曰漳州保福院從展禪師其所出法嗣凡二十五人一曰泉州招慶省僜者一曰漳州保福可儔者一曰舒州白水如新者一曰洪州漳江慧廉者一曰福州報慈文欽者一曰泉州萬安清運者一曰福州報恩

熙禪師者。一曰泉州鳳皇山從琛者。一曰福州永隆瀛和尚者。一曰洪州清泉山守清者。一曰漳州報恩院行崇者。一曰潭州嶽麓和尚者。一曰德山德海者。一曰洪州建山澄禪師者。一曰福州康山契穩者。一曰潭州延壽慧輪者。一曰泉州西明琛禪師者。一曰福州

扑山桑禪師者一曰福州枕峯和尚者一曰鼎州法操者一曰襄州鷲嶺和尚者一曰睦州敬連和尚者一曰潭州谷山句禪師者

大鑒之八世曰南嶽金輪觀禪師其所出法嗣一人曰衡嶽後金輪和尚者

大鑒之八世曰泉州睡龍山道溥禪師其所

出法嗣一人曰漳州保福院清豁者
大鑒之八世曰隨州雙泉山永禪師其所出
法嗣一人曰廣州大通和尚者
大鑑之八世曰台州瑞巖師彥禪師其所出
法嗣二人一曰南嶽横龍和尚者一曰温州
瑞峯神祿和尚者

大鑒之八世曰懷州玄泉彥禪師其所出法嗣五人一曰鄂州黃龍誨機者一曰洛京栢谷和尚者一曰池州和龍和尚者一曰懷州玄泉第二世和尚者一曰潞府妙勝玄密者

大鑒之八世曰福州羅山道閑禪師其所出法嗣十九人一曰洪州大寧隱微者一曰發

州明招德謙者一曰衡州華光範禪師者一曰福州羅山招孜者一曰西川慧禪師者一曰建州白雲令弇者一曰處州天竺義諲者一曰吉州清平惟曠者一曰婺州金柱義昭者一曰潭州谷山和尚者一曰湖南道吾山從盛者一曰福州羅山義因者一曰灌州靈

巖和尚者一曰吉州匡山和尚者一曰福州興聖重滿者一曰潭州寶應清進者一曰漢州綿竹縣定慧者一曰潭州龍會山鑒禪師者一曰安州穆禪師者

大鑒之八世曰安州白兆山志圓禪師其所出法嗣凡十有三人一曰鼎州大龍山智洪

者一曰襄州白馬山行靄者一曰郢州大陽山行沖者一曰安州白兆山懷楚者一曰四祖山清皎者一曰蘄州三角山志操者一曰晉州興教師普者一曰蘄州三角山真鑒者一曰郢州興陽和尚者一曰郴州東禪玄偕者一曰新羅國慧雲者一曰安州慧日院玄

諤者一曰京地大秦寺彥賓者
大鑒之八世曰韶州慧林鴻究禪師其所出
法嗣一人曰韶州靈瑞者
大鑒之八世曰郢州芭蕉山慧清禪師其所
出法嗣四人一曰郢州興陽清讓者一曰洪
州幽谷法滿者一曰郢州興陽義深者一曰

芭蕉二世住遇者
大鑒之八世曰吉州資福如寶禪師其所出
法嗣四人一曰吉州資福真邃者一曰吉州
福壽和尚者一曰潭州鹿苑和尚者一曰潭
州報慈德韶者
大鑒之八世曰汝州風穴延昭禪師其所出

法嗣四人一曰汝州廣慧真禪師者一曰汝州首山省念者一曰鳳翔長興和尚者一曰潭州靈泉和尚者

大鑒之八世曰潭州藤霞禪師其所出法嗣二人一曰澧州藥山第七世和尚者一曰潭州雲蓋山和尚者

大鑒之八世曰洪州鳳捿山同安常察禪師其所出法嗣一人曰袁州仰山良供者大鑒之八世曰吉州禾山無殷禪師其所出法嗣五人一曰廬山永安慧度者一曰撫州曹山義崇者一曰吉州禾山契雲者一曰漳州保福和尚者一曰洪州琴巖師陰者

大鑒之八世曰潭州雲蓋山景禪師其所出法嗣三人一曰衡嶽南臺藏禪師者一曰幽州拓水從實者一曰雲蓋山澄覺者

大鑒之八世曰廬山歸宗寺澹權禪師其所出法嗣二人一曰鄂州黃龍藴和尚者一曰壽州泊山和尚者

大鑒之八世曰歸宗懷惲禪師其所出法嗣二人一曰歸宗第四世弘章者一曰歸宗巖密者

大鑒之八世曰池州嵇山章禪師其所出法嗣一人曰隨州䨥泉山道虔者

大鑒之八世曰洪州雲居山懷岳禪師其所

出法嗣五人一曰楊州風化院令崇者一曰
澧州藥山忠彥者一曰梓州龍泉和尚者一
曰雲居住緣者一曰雲居住滿者
大鑒之八世曰撫州荷玉山光慧禪師其所
出法嗣一人曰荷玉山福禪師者
大鑒之八世曰筠州洞山道延禪師其所出

法嗣二人一曰洪州上藍慶禪師者一曰洞
山敏禪師者
大鑒之八世曰撫州金峯從志禪師其所出
法嗣二人一曰洪州大寧神降者一曰澧州
欒山彥禪師者
大鑒之八世曰襄州鹿門山處真禪師其所

出法嗣六人一曰益州崇真者一曰鹿門第二世譚和尚者一曰襄州谷隱智靜者一曰廬山佛手巖行因者一曰襄州靈谿山明禪師者一曰洪州大安寺真上座者

大鑒之八世曰撫州曹山慧霞禪師其所出法嗣三人一曰嘉州東汀和尚者一曰雄州

華嚴正慧者一曰泉州招慶院堅上座者
大鑒之八世曰華州草菴法義禪師其所出
法嗣一人曰泉州龜洋慧忠者
大鑒之八世曰潭州報慈藏嶼禪師其所出
法嗣一人曰益州聖興存和尚者
大鑒之八世曰襄州含珠山審哲禪師其所

出法嗣六人一曰洋州龍穴山和尚者一曰唐州大乘山和尚者一曰襄州延慶歸曉者一曰襄州含珠山真和尚者一曰含珠山璋禪師者一曰含珠山偃和尚者

大鑒之八世曰鳳翔府紫陵匡一禪師其所出法嗣三人一曰并州廣福道隱者一曰紫

陵第二世微禪師者一曰興元府大浪和尚
者
大鑒之八世曰洪州同安威禪師其所出法
嗣二人一曰陳州石鏡和尚者一曰中同安
志禪師者
大鑒之八世曰襄州石門山獻禪師其所出

法嗣一人曰石門山第二世慧徹者
大鑒之八世曰襄州廣德義和禪師其所出
法嗣二人一曰襄州廣德第二世延和尚者
一曰荊州上泉和尚者
大鑒之八世曰京兆香城禪師其所出法嗣
一人曰鄧州羅紋和尚者

大鑒之八世曰杭州瑞龍院幼璋禪師其所出法嗣一人曰西川德言者
大鑒之八世曰隨州護國守澄禪師其所出法嗣八人
一曰隨州智門守欽者一曰護國第三世知遠者一曰大安山能和尚者一曰潁州薦福院思禪師者一曰潭州延壽和尚

者一曰護國第三世志朗者一曰舒州香鑪
峯瓊和尚者一曰京兆盤龍山滿和尚者
大鑒之八世曰京兆永安院善靜禪師其所
出法嗣一人曰大明山和尚者
大鑒之八世曰蘄州烏牙山彥賓禪師其所
出法嗣三人一曰安州大安山興古者一曰

蘄州烏牙山行朗者一曰虢州盧氏常禪師者

大鑒之八世曰鳳翔府青峯禪師其所出法嗣七人一曰西川靈龕和尚者一曰京兆紫閣山端已者一曰房州開山懷晝者一曰幽州傳法和尚者一曰益州淨衆歸信者一曰

青峯第二世清免者一曰鳳翔府長平山滿禪師者
大鑒之八世曰祥州大巖白禪師其所出法嗣一人曰邛州碧雲和尚者
大鑒之九世曰汝州首山省念禪師其所出法嗣五人一曰汾州善昭者一曰襄州谷隱

蘊聰者一曰并州承天智嵩者一曰汝州廣
惠元璉者一曰汝州葉縣歸省者一曰智門
空和尚者
大鑒之九世曰漳州羅漢院桂琛禪師其所
出法嗣七人一曰金陵清涼文益者一曰襄
州清溪洪進者一曰金陵清涼休復者一曰

撫州龍濟紹修者一曰杭州天龍寺秀禪師者一曰潞州延慶傳殷者一曰衡嶽南臺守安者

大鑒之九世曰福州僊宗契符禪師其所出法嗣二人一曰福州僊宗洞明者一曰泉州福清行欽者

大鑒之九世曰杭州天龍重機禪師其所出法嗣一人曰高麗雲嶽令光者

大鑒之九世曰婺州泰滔禪師其所出法嗣一人曰婺州齊雲寶勝者

大鑒之九世曰福州昇山白龍道希禪師其所出法嗣五人一曰福州廣平玄旨者一曰

福州白龍清慕者一曰福州靈峯志恩者一曰福州東禪玄亮者一曰漳州報劬玄應者大鑒之九世曰泉州招慶法因禪師其所出法嗣七人一曰泉州報恩宗顯者一曰金陵龍光澄忋者一曰永興北院可休者一曰郴州太平清海者一曰連州慈雲慧深者一曰

郢州興陽道欽者一曰漳州保福清溪者
大鑒之九世曰夔州報恩寶資禪師其所出
法嗣一人曰處州福林澄和尚者
大鑒之九世曰處州翠峯欣禪師其所出法
嗣一人處州報恩守真者
大鑒之九世曰襄州鷲嶺明遠禪師其所出

法嗣一人曰襄州鷲嶺第二世通和尚者

大鑒之九世曰杭州龍華彥球禪師其所出

法嗣一人曰仁王院俊禪師者

大鑒之九世曰漳州保福可儔禪師其所出

法嗣一人曰漳州隆壽無逸者

大鑒之九世曰潭州延壽寺慧輪禪師其所

出法嗣二人一曰廬山歸宗道詮者一曰潭州龍興裕禪師者

大鑒之九世曰韶州白雲禪師其所出法嗣六人一曰韶州大歷和尚者一曰連州寶華和尚者一曰韶州月華和尚者一曰南雄州地藏和尚者一曰英州樂淨含匡者一曰韶

州後白雲福禪師者
大鑒之九世曰鼎州德山緣密禪師其所出
法嗣凡十有六人一曰潭州鹿苑文襲者一
曰澧州藥山可瓊者一曰南嶽歎禪師者一
曰文殊應真者一曰德山柔禪師者一曰鼎
州德山紹晏者一曰鼎州寬禪師者一曰鼎

州道禪師者一曰巴陵普禪師者一曰郴州
乾明自興者一曰渝州進雲山禪師者一曰
岳州乾普禪師者一曰興元府崇禪師者一
曰鄂州黄龍志愿者一曰嶽嵋山承璟者一
曰益州東禪秀禪師者
大鑒之九世曰西川青城香林澄遠禪師其

所出法嗣三人一曰永康軍羅漢和尚者一曰復州崇勝光祚者一曰永康軍青城香林信禪師者

大鑒之九世曰襄州洞山守初禪師其所出法嗣七人一曰潭州道崧者一曰南嶽雅禪師者一曰岳州睦禪師者一曰鄧州同禪師

者一曰韶州洪教禪師者一曰安州處瓊者
一曰潞州寶周者
大鑒之九世曰隨州龍居山明教寬禪師其
所出法嗣凡十有三人一曰五祖師戒者一
曰四祖山志諲者一曰蘄州廣教懷志者一
曰襄州興化奉能者一曰唐州天睦山慧滿

者一曰鄂州建福智同者一曰江陵府福昌
重善者一曰舒州龍門山仁永者一曰襄州
延慶本禪師者一曰唐州福安山惠珣者一
曰鼎州大龍山炳賢者一曰雙泉山瓊禪師
者一曰自上座者
大鑒之九世曰韶州舜峯山韶禪師其所出

法嗣四人一曰磁州桃園山曦朗者一曰安
州法雲智善者一曰韶州鄧林善恙者一曰
韶州大歷志聰者
大鑒之九世曰隋州雙泉山郁禪師其所出
法嗣二人一曰鼎州德山惠遠者一曰襄州
含珠彬禪師者

大鑒之九世曰岳州巴陵鑒禪師其所出法嗣二人一曰襄州順禪師者一曰靈澄上座者

大鑒之九世曰金陵清涼山明禪師其所出法嗣二人一曰廬山崇勝御禪師者一曰吉州西峯豁禪師者

大鑒之九世曰雲居山深禪師其所出法嗣一人曰蓮華峯詳山主者

大鑒之九世曰潭州報慈歸真大師德韶其所出法嗣二人一曰蘄州三角志謙者一曰郢州興陽詞鐸者

大鑒之九世曰郢州黄龍誨機禪師其所出

法嗣九人一曰洛京紫蓋善沼者一曰眉州黄龍繼達者一曰棗木第二世和尚者一曰興元府玄都山澄和尚者一曰嘉州黒水和尚者一曰鄂州黄龍智顒者一曰眉州福昌達和尚者一曰常州慧山然和尚者一曰洪州雙嶺悟海者

大鑒之九世曰婺州明招德謙禪師其所出法嗣六人一曰廬州報恩契從者一曰婺州普照瑜和尚者一曰婺州雙谿保初者一曰處州涌泉究和尚者一曰衢州羅漢義和尚者一曰福州興聖調和尚者

大鑒之九世曰鼎州天龍山智洪禪師其所

出法嗣三人一曰大龍山景如者一曰大龍
山楚勳者一曰興元府普通從善者
大鑒之九世曰襄州白馬行靄禪師其所出
法嗣一人曰白馬智倫者
大鑒之九世曰安州白兆山懷楚禪師其所
出法嗣三人一曰唐州保壽匡祐者一曰蘄

州自南者一曰果州永慶継勳者
大鑒之九世曰襄州谷隱智靜禪師其所出
法嗣二人一曰谷隱知儼者一曰襄州普寧
法顯者
大鑒之九世曰廬山歸宗弘章禪師其所出
法嗣一人曰東京普淨常覺者

大鑒之九世曰鳳翔府紫陵微禪師其所出法嗣二人一曰鳳翔府大朗和尚者一曰潭州新開和尚者

大鑒之九世曰襄州石門山慧徹禪師其所出法嗣二人一曰石門紹遠者一曰鄂州靈竹守珎者

大鑒之九世曰洪州同安志禪師其所出法
嗣二人一曰鼎州梁山緣觀者一曰陳州靈
通者
大鑒之九世曰襄州廣德延禪師其所出法
嗣一人曰廣德周禪師者
大鑒之九世曰益州淨衆寺歸信禪師其所

出法嗣一人曰漢州靈龕山和尚者
大鑒之九世曰隋州護國知遠禪師其所出
法嗣一人曰東京開寶常普者
大鑒之九世曰鼎州梁山緣觀禪師其所出
法嗣一人曰郢州大陽山警延者
大鑒之十世曰鼎州文殊山應真禪師其所

出法嗣一人曰筠州洞山曉聰者
大鑒之十世曰眉州黄龍繼達禪師其所出
法嗣一人曰第二世黄龍和尚者
大鑒之十世金陵清凉文益禪師餘杭人也
姓魯氏素有遠志戒後習毗尼於律師希覺
傍探儒術而文藝可觀覺嘗目之曰此吾門

之游夏也尋務宗乘遂詣福唐長慶法會居未幾已爲其衆所推晚復游方途中遇雨與其侶漸憇其州西之地藏院因叅琛禪師得了法要乃留庵於福之甘蔗洲後復爲其侶率游江表至臨川遂爲郡人命居崇壽精舍自是學輩浸盛江南國主李氏聞其風遂請

入都使領清涼大伽藍其國禮之愈重四方之徒歸之愈多逮今其言布於天下號爲清涼之宗其所出法嗣凡六十三人一曰天台德韶國師者一曰杭州報恩寺慧明者一曰漳州羅漢智依者一曰金陵章義道欽者一曰金陵報恩匡逸者一曰金陵報慈文遂者

一曰漳州羅漢守仁者一曰杭州永明寺道潛者一曰撫州黃山良匡者一曰杭州靈隱清聳者一曰金陵報恩玄則者一曰金陵報慈行言者一曰金陵淨德智筠者一曰高麗道峯慧炬國師者一曰金陵清源泰欽者一曰杭州寶塔寺紹巖者一曰金陵報恩法安

者一曰撫州崇壽契稠者一曰雲居清錫者一曰百丈道常者一曰天台般若敬遵者一曰歸宗策真者一曰洪州同安紹顯者一曰廬山棲賢慧圓者一曰洪州觀音從顯者一曰廬州長安延規者一曰常州正勤希奉者一曰洛京興善棲倫者一曰洪州西興齊禪

師者一曰潤州慈雲匡達者一曰蘇州薦福紹明一曰澤州古賢謹禪師者一曰宣州興福可勲者一曰洪州上藍守訥者一曰撫州覆般和尚者一曰杭州奉先法瓌者一曰廬山化城慧朗者一曰杭州永明寺達鴻者一曰高麗靈鑒者一曰荊門上泉和尚者一曰

廬山大林僧遁者一曰池州仁王緣勝者一
曰歸宗義柔者一曰泉州上方慧英者一曰
荊州護國遇禪師者一曰饒州芝嶺照禪師
者一曰歸宗師慧者一曰歸宗省一者一曰
襄州延慶通性者一曰歸宗夢欽者一曰洪
州舍利玄闡者一曰洪州永安明禪師者一

曰洪州禪谿可莊者一曰潭州石霜奐禪師
者一曰江西靈山和尚者一曰廬山佛手巖
因禪師者一曰金陵保安止和尚者一曰昇
州華嚴幽和尚者一曰袁州木平道達者一
曰洪州大寧道邁者一曰楚州龍興德賓者
一曰鄂州黃龍仁禪師者一曰洪州西山道

聳者
大鑒之十世曰襄州清谿洪進禪師其所出
法嗣二人一曰相州天平山從漪禪師者一
曰廬山圓通德緣者
大鑒之十世曰金陵清源休復禪師其所出
法嗣二人一曰金陵奉先慧同者一曰廬山

寶慶菴道習者
大鑒之十世曰撫州龍濟山紹修禪師其所
出法嗣一人曰河東廣原和尚者
大鑒之十世曰衡嶽南臺寺守安禪師其所
出法嗣二人一曰襄州鷲嶺善美者一曰安
州慧日明禪師者

大鑒之十世曰漳州報劬院玄應禪師其所出法嗣一人曰報劬第二世仁義者
大鑒之十世曰漳州隆壽無逸禪師其所出法嗣一人曰漳州龍壽法騫者
大鑒之十世曰廬山歸宗道詮禪師其所出法嗣一人曰筠州九峯山守詮者

大鑒之十一世曰天台山德韶國師其所出法嗣凡五十有一人一曰杭州永明寺延壽者一曰溫州大寧可弘者一曰蘇州長壽朋彦者一曰杭州五雲山志逢者一曰杭州報恩法端者一曰杭州報恩紹安者一曰福州之廣平守威者一曰杭州報恩永安者一曰

廣州光聖師諸者一曰杭州奉先清昱者一曰天台普闡智勤者一曰溫州鴈蕩願齊者一曰杭州普門希辯者一曰杭州光慶遇安者一曰天台般若友蟾者一曰婺州智者全肯者一曰福州玉泉義隆者一曰杭州龍冊曉榮者一曰杭州功臣慶蕭者一曰越州稱

心敬璡者一曰福州巖峯師术者一曰潞州華嚴慧達者一曰越州清泰道圓者一曰杭州九曲慶祥者一曰杭州開化行明者一曰越州開善義圓者一曰溫州瑞鹿遇安者一曰杭州龍華慧居者一曰婺州齊雲遇臻者又一曰溫州瑞鹿寺本先者一曰杭州報恩

德謙者一曰杭州靈隱處先者一曰天台善
建省義者一曰越州觀音安禪師者一曰發
州仁壽澤禪師者一曰越州雲門重曜者一
曰越州大禹榮禪師者一曰越州地藏瓊禪
師者一曰杭州靈隱紹光者一曰杭州龍華
紹鑾者一曰越州碧泉行新者一曰越州象

田默禪師者一曰潤州登雲從堅者一曰越州觀音朗禪師者一曰越州諸暨五峯和尚者一曰越州何山道孜者一曰越州大禹自廣者一曰鄧州黄蘗師逸者一曰蘇州瑞光清表者一曰杭州興教寺洪壽者一曰蘇州承天道原者

大鑒之十一世曰杭州報恩寺慧明禪師其所出法嗣一人曰福州保明道誠者
大鑒之十一世曰金陵報慈道場文遂禪師其所出法嗣五人一曰常州齊雲慧禪師者一曰洪州雙嶺祥禪師者一曰洪州觀音真禪師者一曰洪州龍沙茂禪師者一曰洪州

大寧奬禪師者
大鑒之十一世曰杭州永明道潛禪師其所
出法嗣三人一曰杭州千光王瓌省者一曰
衢州鎮境志澄者一曰明州崇福慶祥者
大鑒之十一世曰杭州靈隱清聳禪師其所
出法嗣九人一曰杭州功臣道慈者一曰秀

州羅漢願昭者一曰處州報恩師智者一曰衢州瀫寧可先者一曰杭州光孝道端者一曰杭州保清遇寧者一曰福州支提辨隆者一曰杭州瑞龍希圓者一曰杭州國泰德文者

大鑒之十一世曰洪州百丈山道常禪師其

所出法嗣三人一曰廬山棲賢澄諟者一曰
蘇州萬壽德興者一曰越州雲門永禪師者
大鑒之十一世曰廬山歸宗義柔禪師其所
出法嗣二人納八曰廬山歸清禾杉者一曰杭州
功臣覺軻者
大鑒之十一世曰金陵報慈行言禪師其所

出法嗣二人一曰洪州雲居義能者一曰饒州北禪清皎者

大鑒之十一世曰金陵報恩法安禪師其所出法嗣二人一曰廬山棲賢道堅者一曰歸宗慧誠者

大鑒之十一世曰廬州長安院延規禪師其

所出法嗣二人一曰廬州長安辯實者一曰雲蓋山用清者

大鑒之十二世曰杭州永明延壽禪師其所出法嗣二人一曰杭州富陽子蒙者一曰杭州朝明院津禪師者

大鑒之十二世曰蘇州長壽院朋彥禪師其

所出法嗣一人曰長壽第二世法齊者
大鑒之十二世曰杭州普門寺希辯禪師其
所出法嗣二人一曰高麗國慧洪者一曰越
州上林湖智者
大鑒之十二世曰雲居山真如道齊禪師其
所出法嗣九人一曰雲居契瓌者一曰杭州

靈隱文勝者一曰台州瑞巖義海者一曰大
梅居煦者一曰大梅保福居素者一曰荆門
清谿清禪師者一曰雲門居曜者一曰雲居
慧震者一曰廬山慧日智達者
評曰正宗至大鑒傳既廣而學者遂各務
其師之説天下於是異焉競自爲家故有

潙仰云者有曹洞云者有臨濟云者有雲門云者有法眼云者若此不可悉數而雲門臨濟法眼三家之徒於今尤盛潙仰已熄而曹洞者僅存緜緜然猶大旱之引孤泉然其盛衰者豈法有强弱也蓋後世相承得人與不得人耳書不云乎苟非其人

道不虛行

當寺沙弥普會書

満達刊

傳法正宗記卷第八

納八

傳法正宗記卷第一　法一

藤州東山沙門釋　契嵩　編修

旁出略傳二百五人

宗證略傳十一

旁出略傳并序

序曰旁出箸知識者已載於他書此復見之

蓋以其皆出於正宗的庶雖異其法一世周封同姓之國以貴其宗親親之義則文武成康爲正方之大迦葉直下之相承者亦可知矣其傳起於末田底而止乎益州神會禪師者凡二百有五人

第二祖阿難尊者其旁出法嗣一人曰末田

麼者

第二十四祖師子尊者其旁出法嗣一人曰

達磨達者

師子之二世曰達磨達尊者罽賓國人也不詳姓氏初師其國之波梨迦尊者出家頗聰敏有智辯而德冠諸應真之士及波梨迦之

法離爲五家而尊者首冠於禪定宗曉與師子尊者辯論遂伏其道漫宗之爲師及師子遇害達磨達乃與其二弟子隱于其國之象白山年壽甚高出於常數其所出法嗣二人一曰因陁羅者一曰瞿羅忌利婆者

評曰始愚未得諡於出三藏記時有曰吾

疑祖位至師子絶而其法普傳猶此六祖大鑒禪師不其然乎因嘗與其論曰夫祖位之絶蓋非常事前後賢聖亦嘗言之若此祖數止於大鑒者乃有般若多羅與夫達磨大士而預記之六祖雖各授其法亦有人焉若子所謂祖世絶於師子必何以

證之其前祖孰嘗記耶而分傳法者果何人將之東乎非人則其法安得至此雖其旁出達磨達者自為枝派其所出各不過四五人耳非普傳也亦未始聞其徒以法而東揚者苟以達磨達為之普傳者則達磨達何乃獨指二十五祖曰我有同學號

婆舍斯多先師預以法付之復授衣為信已適南天竺也其它同學者曷弃而不言耶是不然也予宜以理求之不可恣其臆度曰若然則達磨達既宗師子安得不承之為其正祖乃推於斯多乎曰此蓋聖人宜其機緣而命之祖矣亦以其悟之淺深

而授之法印耳若五祖傳之大鑒而不付
北秀不其然哉或者然之適得僧祐之書
而吾言甚驗不欲棄之因系達磨達傳後
師子尊者之三世曰因陀羅其所出法嗣四
人一曰達磨尸利帝者一曰那伽難提者一
曰破樓求多羅者一曰婆羅婆提者

師子尊者之三世曰瞿羅忌利婆其所出法
嗣二人一曰波羅跋摩者一曰僧伽羅叉者
師子尊者之四世曰達磨尸利帝其所出法
嗣二人一曰摩帝隸披羅者一曰訶利跋茂
者
師子尊者之四世曰破樓求多羅其所出法

嗣三人一曰和修盤頭者一曰達摩訶帝者
一曰旃陀羅多者
師子尊者之四世曰波羅跋摩其所出法嗣
三人一曰勒那多羅者一曰盤頭多羅者一
曰婆羅婆多者
師子尊者之四世曰僧伽羅叉其所出法嗣

五人一曰毗舍也多羅者一曰毗樓羅多摩者一曰毗栗芻多羅者一曰優波韃馱者一曰婆難提多者

二十八祖達磨尊者此土之初祖也旁出法嗣九人一曰有相宗首薩婆羅者一曰無相宗首波羅提者一曰定慧宗首婆蘭陀者一曰戒行宗

首名乞一曰無淂宗首實靜者一曰寂靜宗首
名乞一曰道育者一曰道副者一曰尼總持者
二十九祖慧可尊者此土之二祖也旁出法嗣三人一
曰僧那者一曰向居士者一曰相州慧滿者
二十九祖之二世曰相州慧蒲禪師其所出
法嗣六人一曰峴山神定者一曰寶目禪師

者一曰華開居士者一曰大士化公者一曰和公者一曰廖居士者

二十九祖之三世華開居士其所出法嗣一人曰曇邃者

二十九祖之四世曰曇邃禪師其所出法嗣三人一曰延陵慧簡者一曰彭城慧瑳者一

曰定林慧綱者

二十九祖之五世曰慧綱禪師其所出法嗣

一人曰六合大覺者

二十九祖之六世曰大覺禪師其所出法嗣

一人曰高郵曇影者

二十九祖之七世曰曇影禪師其所出法嗣

一人曰泰山明練者
二十九祖之八世曰明練禪師其所出法嗣
一人曰楊州靜泰者
三十一祖道信尊者北土之四祖也旁出法嗣一人曰
牛頭法融者
三十一祖之二世曰金陵牛頭法融禪師其

所出法嗣一人曰智嚴者
三十一祖之三世曰智巖禪師其所出法嗣
一人曰慧方者
三十一祖之四世曰慧方禪師其所出法嗣
一人曰法持者
三十一祖之五世曰法持禪師其所出法嗣

一人曰智威者
三十一祖之六世曰智威禪師其所出法嗣
一人曰慧忠者
三十一祖之二世曰法融禪師旁出法嗣凡
十人一曰金陵鍾山曇璀者一曰荆州大素
者一曰幽棲月空者一曰白馬道演者一曰

新安定莊者一曰彭城智瑳者一曰廣州道樹者一曰湖州智爽者一曰新州杜默者一曰上元智誠者
三十一祖之三世曰智嚴禪師其旁出法嗣八人一曰東都鏡潭者一曰襄州志長者一曰益州端伏者一曰龍光龜仁者一曰襄陽

辯才者一曰漢南法俊者一曰西川敏古者
三十一祖之三世曰智誠禪師其所出法嗣
一人曰定真者
三十一祖之四世曰定真禪師其所出法嗣
一人曰如度者
三十一祖之五世曰法持禪師其旁出法嗣

二人一曰牛頭玄素者一曰天柱弘仁者
三十一祖之六世曰智威禪師其旁出法嗣
五人一曰宣州安國玄挺者一曰潤州鶴林
玄素者一曰舒州天柱崇慧者一曰杭州徑
山道欽者一曰杭州鳥窠道林者
三十一祖之七世曰慧忠禪師其所出法嗣

一人曰天台惟則者
三十一祖之七世曰杭州鳥窠道林禪師其所出法嗣二人一曰杭州招賢會通者一曰靈巖寶觀者
三十一祖之七世曰玄素禪師其所出法嗣二人一曰金華曇益者一曰吳門圓鏡者

三十一祖之七世曰徑山國一禪師道欽其所出法嗣三人一曰木渚山悟禪師者一曰青陽廣敷者一曰杭州巾子山崇慧者

三十一祖之八世曰天合佛窟巖惟則禪師其所出法嗣一人曰天台雲居智禪師者

三十一祖之九世曰天台山雲居知智禪師其

所出法嗣凡三十四人一曰牛頭山道性者一曰江寧智燈者一曰解玄（解玄或山與寺名未詳）懷信者一曰鶴林全禪師者一曰北山懷古者一曰明州觀宗者一曰牛頭大智者一曰白馬善道者一曰牛頭智真者一曰牛頭譚顒者一曰牛頭雲翰者一曰牛頭山凝禪師者一曰

牛頭法梁者一曰江寧行應者一曰牛頭山惠良者一曰興善道融者一曰蔣山照明者一曰牛頭法燈者一曰牛頭定空者一曰少頭山慧涉者一曰幽棲道遇者一曰牛頭山凝空者一曰蔣山道初者一曰幽棲藏禪師者一曰牛頭靈暉者　一曰幽棲道穎者一曰

牛頭巨英者一曰釋山法常者一曰龍門凝寂者一曰莊嚴遠禪師者一曰襄州道堅者一曰尼明悟者一曰居士殷淨者三十一祖之十世曰慧涉禪師其所出法嗣一人曰潤州棲霞清源者第三十二祖弘忍尊者此土之五祖也旁出法嗣十有

三人其一曰北宗神秀者一曰嵩嶽慧安者一曰蒙山道明者一曰楊州曇光者一曰隨州神慥者一曰金州法持者一曰資州智侁者一曰舒州法照者一曰越州義方者一曰越州僧達者一曰白松山劉主薄者

三十二祖之二世曰神秀禪師其所出法嗣

凡十有九人一曰五臺山巨方者一曰河中
智封者一曰兗州降魔藏禪師者一曰壽州
道樹者一曰淮南全植者一曰荆州辭朗者
一曰嵩山普寂者一曰大佛香育者一曰西
京義福者一曰忽雷澄禪師者一曰東京日
禪師者一曰太原徧淨者一曰南岳元觀者

一曰汝南杜禪師者一曰嵩山敬禪師者一
曰京兆少福禪師者一曰晉州霍山觀禪師
者一曰潤洲崇珪者一曰安陸懷空者
三十二祖之二世曰嵩嶽慧安國師其所出
法嗣六人一曰洛京福先仁儉者一曰嵩嶽
破竈墮者一曰嵩嶽元珪者一曰常山坦然

者一曰鄴都圓寂者一曰西京道亮者
三十二祖之二世曰蒙山道明禪師其所出
法嗣三人一曰洪州崇寂者一曰江西懷禪
師者一曰撫州神正者
三十二祖之二世曰隨州神慥禪師其所出
法嗣一人曰正壽者

三十二祖之二世曰資州智侁禪師其所出法嗣一人曰資州處寂者

三十二祖之二世曰玄賾禪師其所出法嗣二人一曰義興神斐者一曰湖洲暢禪師者

三十二祖之三世曰降魔藏禪師其所出法嗣三人一曰西京寂滿者一曰西京定莊者

一曰南嶽慧隱者
三十二祖之三世曰荆州辭朗禪師其所出
法嗣三人一曰紫金玄宗者一曰大梅車禪
師者一曰塼界慎徽者
三十二祖之三世曰嵩山普寂禪師其所出
法嗣凡二十四人一曰終南山惟政者一曰

廣福慧空者一曰越州禪師者一曰襄州夾石思禪師者一曰明瓚者一曰敬受眞禪師者一曰兖州守賢者一曰定州石藏者一曰南嶽澄心者一曰南嶽日照者一曰洛京幹禪師者一曰蘇州眞亮者一曰尾官璿禪師者一曰弋陽法融者一曰廣陵演禪師者一

曰陜州慧空者一曰洛京眞亮者一曰澤州旦月者一曰亳州曇眞者一曰都梁山崇演者一曰京兆澄禪師者一曰嵩陽寺一行者一曰京兆融禪師者一曰曹州定陶丁居士者

三十二祖之三世曰西京義福禪師其所出

法嗣八人一曰大雄猛禪師者一曰西京大震動禪師者一曰神斐禪師者一曰西京大悲光禪師者一曰西京大隱者一曰定境者一曰道播者一曰玄證者

三十二祖之三世曰南嶽元觀禪師其所出法嗣一人曰神照者

三十二祖之三世曰小福禪師其所出法嗣三人一曰京兆藍田深寂者一曰太白雲禪師者一曰東白山法超者

三十三祖之三世曰霍山觀禪師其所出法嗣一人曰峴山幽禪師者

三十二祖之三世曰西京道亮禪師其所出

法嗣五人一曰楊州大總管李孝逸者一曰
工部尚書張錫者一曰國子祭酒崔融者一
曰祕書監賀知章者一曰睦州刺史康詵者
三十二祖之三世曰資州處寂禪師其所出
法嗣四人一曰益州無相者一曰益州馬禪
師者一曰超禪師者一曰梓州曉了者

三十二祖之三世曰義興斐禪師其所出法嗣二人一曰西京智游者一曰東都深智者

三十二祖之四世曰興善惟政禪師其所出法嗣二人一曰衡州定心禪師者一曰志真禪師者

三十二祖之四世曰敬愛寺志真禪師其所

出法嗣一人曰嵩山照禪師者
三十二祖之四世曰塼界慎徽禪師其所出
法嗣一人曰武誠禪師者
三十二祖之四世曰無相禪師其所出法嗣
四人一曰益州無住者一曰荆州融禪師者
一曰漢州王頭陀者一曰益州神會者

宗證略傳并序

序曰涅槃曰復至他方有諸煩惱毒箭之處示現作祖爲其療治又曰我有無上正法悉已付嘱摩訶迦葉是迦葉者當爲汝等作大依止此吾道之有祖宗尚矣但支竺相遠傳之者不眞致令聖人之德不甚明効加之暴

君嫉善毀弃大教而佛子不善屬書妄謂其祖絶於二十四世乃生後世者之疑聖德益屈余嘗慨之適因治書乃得衆賢所道祖宗之事凡十家故并其人列爲宗證傳云爾

月支國沙門竺大力者蓋第二十三祖鶴勒那之弟子也性素聰晤能通大小乘學其國

號爲三藏以漢獻帝之世至平雒邑嘗與沙門康孟詳譯正二本起經一日所館有白光一道忽發於前大力歛容曰此光乃我師鶴勒那入滅之相也衆異之遂以聞帝帝即命誌之其時己丑歲也尋游江南適值孫權稱王於建康方嚮佛法乃置寺禮沙門康僧會

於其國僧會初見大力甚不德之尋用問荅遂相推重因曰仁者何師乃能如是大力曰我師鶴勒那故得此妙悟乃通它心僧會曰鶴勒之徒如師利智凡幾何人湊有過之者乎大力曰似我之儔三千若其穎達離倫唯一上人耳號師子比丘其人密受正法與師

繼世方揚化於此天竺國僧會遂引見於吳主稱道其異吳主乃問力曰孤忝此有土國祚其有幾何力遂說偈答之曰清宵喫飲雲間闘走十四年末必逢猪口當時權不曉其言而亦甚禮之大力留吳久之及權死其子亮即位益相見問而言皆有効驗大力尋至

孫休之丗庚辰歳復還西域
中印度沙門曇摩迦羅者以魏黄初壬寅之
三年至平許昌初視僧威儀不整頗歎之謂
其不識法律當時許昌有僧曰光璨者賢於
其衆能善遇之乃禮而問迦羅曰師於西國
所見何者勝師乃以何法住持幸以見教迦

羅曰西土凡有二大勝僧一曰摩拏羅二曰鶴勒那我皆禮遇二大士者皆傳正法以法住持領其衆者寡不莊整然二大士俱淂聖道而異德皆不可測摩拏羅者始於那提國以神通力一鼓其腹乃能威伏百萬惡象及其出家教化於西印度於其國辨塔指泉皆

有驗効（事具其本傳）鶴勒那乃其繼世之弟子也大興佛事於中天竺國及其寂滅四衆焚之將分去其舍利鶴勒那復能示現說偈誡之不容其分（偈亦具其本傳）光璨曰其滅度久耶近乎迦羅曰十二年矣光璨曰西國歲曆頗與此同乎迦羅曰號謂雖異而氣候不別也遂說五天

竺之曆數云云迦羅尋亦西還尤璨即傳其事淺之爲僧傳者得以書之中天竺國沙門支彊梁摟者實得果不測之人也方前魏陳留王曹奐之世至洛初館于白馬寺蓋景元二年之辛巳也是時魏室方危奐輩憂之聞支彊異僧數從問其國之盛

襄支彊遂爲奐說偈曰二公賴處位獼猴正當路五人抱一鷄鷄鳴猴不措及奐去支彊復說偈曰二人好好去兩兩歲平安女子生河内朱輪上進壇當時雖不曉其說而後皆驗之尋會曇諦康僧鎧曇松白延諸沙門翻譯衆經一曰支彊謂諸僧曰我在西時嘗往

罽賓國至葱滏源入其象白山行之極遠俄見一茅茨居僧甚老有弟子事之我乃就而禮之因問之曰仁者居此幾夂名字謂誰其僧曰我號達磨達者也本北天竺之人初從波槃迦比丘受學晚遇師子尊者爲之出世之師自弥羅崛王起難横害師子而我遂隐

此父已謝絶人世豈意復得與汝相遇然我素聞其名及是益更敬之復問師子尊者誠知其無辜被害然其所傳之法爲何宗乘方欲訪其端由而未嘗得之今幸遇仁者可得而聞乎達磨達曰昔如來用教乘而普傳衆聖獨以最上乘心印微妙正法付囑摩訶迦

葉迭傳至我師子尊者然師子知其自不免難方其存時預以付我同學號婆舍斯多者濅授衣爲信斯多當時導師之命即往化於南天竺支彊然之曰我亦嘗會是師婆舍斯多也於南印土因以祖事與諸沙門譯之夫自七佛至乎二十五祖婆舍斯多乃此支彊梁樓之

所譯也中天竺國沙門婆羅芬多者亦神異不測人也或謂其前身爲龍以聽經故得今所生齊王嘉平二年庚午至洛洛僧多從其重受大戒及晉武大始乙酉之元年會其弟子曰摩迦陀瘦來芬多因問曰汝在西時頗游北天竺耶或謂師子尊者無辜爲其國王

所戮是乎今復有傳法者與其相繼耶摩迦陀曰然師子誅死今已二十三白有沙門號婆舍斯多者本罽賓國人先難得其付法授衣即日去之方於中天竺大隆佛事其國王迦勝甚器重之雖外道彊辯者皆亦屈伏與王辯其苑中業泉國人異之復號爲婆羅多

那事見其本傳芬多謂其第子曰我亦知之適驗汝說誠有所合當時好事者即書于白馬寺後有沙門號賢朗法師者得於其寺乃傳于世以芬多到中国在齊王之世則當列支疆之前爲其始顯於晋太始中故次之也

佛馱䟦陀羅天竺人也此云覺賢本姓釋迦氏甘露飯王之後少時出家本國度爲沙弥受業於大禪師佛大

先極聰明隸業習誦凡一日敵衆人一月所
爲尤以禪業自任嘗與僧伽達多共游罽賓
國達多始未測其人一日達多禪坐於密室
忽睹跋陀在前驚而問曰何來跋陀曰暫往
兜率致敬弥勒即隐不見達多異之它日以
是問之乃知其已潯不還果會秦僧智嚴同

在罽賓嚴因懇請跋陀偕來諸夏傳授禪法其師佛大先時亦在罽賓因謂智嚴曰弘持禪法跋陀其人也遂與智嚴東來初至長安與羅什相遇甚善嘗謂什公曰君所釋不出人意而特致高名何耶什曰吾年老故爾何必能稱美談跋陀議論多高簡頗爲什之徒

所忌其後因自言玄見五船自其國來其弟子復言自得阿那含果跋陀不即驗問以此致謗秦僧以跋陀爲誑衆遂擯之不容同處跋陀即日與其弟子慧觀等出關南適廬山而慧遠法師素聞其名見跋陀至待之甚善因致書秦王爲其解擯遂請跋陀出其禪經

同譯譯成遠爲之序因問跋陀曰天竺傳法諸祖凡有幾何跋陀曰西土傳法祖師自大迦葉直下相承凡有二十七人其二十六祖近世滅度號不如密多者所出其繼世弟子曰般若多羅者方在南天竺盛行教化吾嘗遇之（般若尚在達磨多羅未繼世作祖故未称之寶林傳所称跋陀說其始事与此並同）會其西之江陵遠

公未及以之爲書跋陀後會劉太尉裕罷鎮
荆州相將同還都下住道場寺卒於本寺當
元嘉六年春秋七十有一
僧祐者本齊人歸梁以持律知名嘗著出三
藏記其薩婆多部相承傳目録曰婆羅多羅
二十五祖弗若密多二十六祖不若多羅二十七祖達磨多羅二十八祖祐

尋終於梁

罽賓沙門那連耶舍者以東魏孝靜之世至于鄴都專務翻譯及高氏更魏稱齊耶舍乃益譯出衆經初與處士萬天懿者共譯出尊勝菩薩無量門陀羅尼經天懿嘗問耶舍曰西土頗有大士奉此教乎耶舍曰西國諸祖

二十七大士皆亦受持然其二十七祖號般若多羅所出繼世弟子曰達磨多羅者昔當此明帝正光元年至此雒陽其人亦善此經萬天懿曰然此大士我亦聞其當於祖位傳佛正法不悉其後復有繼之者乎耶舍遂說偈而荅天懿曰尊勝今藏古無肱又有肱龍

來方受寶奉物復嫌名天懿復問如前耶舍
又説偈曰初首不稱名風狂又有聲人來不
喜見白寶初平平天懿復問耶舍復説偈曰
自起求無礙師傳我設繩路上逢僧禮脚下
六支生天懿複問耶舍複説偈曰三四金無
我隔水受心燈尊號過諸量徒瞋不起憎天

懿漫問耶舍漫説偈曰奉物何曾奉言勤又
不勤唯書四句偈將勸瑞田人天懿漫問耶
舍漫説偈曰心裏能藏事説向漢江濱湖波
探一月將照二三人天懿漫問耶舍漫説偈
曰領淂珍勤語離鄉日日數米梁移近路餘
筭脚天徒天懿漫問耶舍曰前所記者將有

國德聞生吾不復語然其後之事爲汝并以
六偈記之其一曰艮地生玄旨通尊媚亦尊
比肩三九族足下一毛分其二曰靈集媿天
恩生牙二六人法中無氣味石上有功勳其
三曰本是大蟲男迴成師子談官家封馬嶺
同詳三十三其四曰九女出人倫八箇絕婚

姻朽床添六脚心祖衆中尊其五曰走戊與潮隣媥為子出身二天雖有感三化寂無塵其六曰説少何曽少言流又不流草若除其首三四繼門修溴謂天懿曰吾滅度後凡二百八十年是國有大王者善治其民風俗安樂前之所記賢聖相次皆出大益群品然因

一勝師始開其甘露門而致後如此萬天懿即從耶舍譯其讖偈耶舍復出其所謂二十七祖與般若多羅之繼世弟子二十八祖菩提達磨之事者與天懿正之（亡當時爲書之名）耶舍尋燃然獨往廬山遂入滅於山中其後梁簡文帝聞之因使臣劉縣運往齊取其書歸國詔沙

門寶唱編入續法記梁簡文當篡有國方一載餘即崩然寶死況在賊臣暴亂之際乃暇求法事耶豈先此因使北聘已得是書乎文不見寶唱作續法記年月尚疑之但取其文字自北而傳南其來有因且從舊錄而筆之耳然自七佛至乎二十八祖菩提達磨蓋此那連耶舍之所譯也西域沙門犍那者不知其果何國人亦不詳何時至於中國也唐天寶中會河南尹李常者得三祖璨大師舍利遂集沙門於其家置

齋落之而揵那與焉李常因問揵那曰天竺禪門祖師多少揵那曰自迦葉直至般若多羅凡有二十七祖若叙師子尊者傍出達磨達之四世二十二人總有四十九祖若從七佛至此璨大師不括橫枝凡有三十七世常又問席間它僧曰余嘗見祖圖或引五十餘

祖至其支泒差殊宗族不定或但有空名此何以然適有六祖弟子曰智本禪師者對曰斯蓋後魏之世佛法毀廢當時沙門有曰曇曜者於倉卒間單錄諸祖名目不暇全寫懷之亡于山澤及魏之文成復教前後歷三十載至孝文帝之世曇曜乃進為僧統尋出其

事授衆沙門修之目爲付法藏傳其差悮亡逸始自曇曜之所致也犍那後不知所終裴休字公美事唐會昌中以兵部侍郎御史大夫同平章事號爲名相撰圭峯密師傳法碑曰釋迦如來最後以法眼付大迦葉令祖祖相傳別行於世非私於迦葉而外人天聲

聞菩薩也自大迦葉至於達磨凡二十八世
達磨傳可可傳璨璨傳信信傳忍忍傳能爲
六祖
劉昫字耀遠涿州歸義人也天祐中始以軍
事倚推仕及開運初授司空平章事又監修
國史故其撰唐書神秀傳曰昔後魏末有僧

達磨者本天竺國王子以護國出家入南海得禪宗妙法自釋迦相傳有衣鉢爲記世相付授初來至梁詣武帝帝問以有爲之事達磨不悦乃之魏隱於嵩山少林寺而卒其年魏使宋雲於葱嶺廻見之門徒發其墓但見衣履而已達磨傳慧可慧可傳僧璨僧璨傳

道信道信傳弘忍弘忍傳慧能神秀晌卒於
守太保
傳法正宗記卷第一

傳法正宗定祖圖

傳法正宗定祖圖卷第二 并叙

鐔津東山沙門臣僧契嵩撰

原夫菩提達磨實佛氏一教之二十八祖也與乎大迦葉乃釋迦文如來直下之相承者也傳之中國年世積遠譜諜差謬而學者寡識不能推詳其本真遂不諒紛然異論古今

頗爾契嵩平生以此爲大患適考其是非正
其宗祖其書垂出會
須祖師傳法授衣之圖布諸天下而學佛者
雖皆榮之猶聽瑩未諭
上意契嵩幸此竊謂識者曰吾佛以正法要
爲一大教之宗以密傳受爲一大教之祖其

宗乃聖賢之道源天地生靈之妙本也其祖
乃萬世學戒定慧者之大範十二部說之真
驗也自書傳亂之矇眛漫漶天下疑之幾千
百載矣
今上大 聖特
須圖以正其宗祖然聖人教道必

聖人乃能正之是豈唯萬世佛氏之徒之大
幸也亦天地生靈者之大幸也契嵩因不避
其僭越愚妄之誅敢昧死引其舊事推衍
上聖意仰箋乎祖圖亦先所須祖師傳法授
衣之謂也然其始亂吾宗祖熒惑天下學者
莫若乎付法藏傳正其宗祖斷萬世之諍者

莫若乎禪經禪經乃先乎付法傳六十二載始終備二十八祖已見於晋之世矣付法傳乃真君廢教之後鈌然但謂二十四世方見乎魏之時耳適以禪經驗而付法藏傳果其謬也若如来獨以正法眼藏密付乎大迦葉者則現之涅槃經智度論禪經與其序也以

意求之而佛之微旨存焉
上觀性高妙獨得乎言詞之外是乃天資佛
記也故其
發揮禪祖雅與經合宜乎垂之萬世
永爲定斷三學佛子遵之仰之天下不復疑
也其圖所列自釋迦文佛大迦葉至乎曹溪

第六祖大鑒禪師凡三十四位又以儒釋之
賢其言吾宗祖素有證據者十位列于諸祖
左右謹隨其傳法正宗記詣
闕　上進塵黷
宸眷不任惶恐震懼之至謹敘

始祖釋迦牟尼佛示生於中天竺國爲淨飯聖王之子尋捨轉輪聖王位出家成無上道轉大法輪其後

七十九歲垂般涅槃
乃以其大法印付其高
第弟子摩訶迦葉并
勑阿難副貳傳化復
以金縷僧伽梨衣令
大迦葉轉付當來補

處弥勒佛其說偈曰
法本法無法
無法法亦法
令付無法時
法法何曾法

正宗諸賢左五位

第一祖摩訶迦葉本摩竭陀國人出於婆羅門氏其形金色先捨家入山以頭陀法自修及會佛出世遂歸之爲師佛般涅槃之後乃命衆阿羅漢與結集法藏其後持佛衣將入定於雞足山以待彌勒下生乃以其法印傳之阿難說偈曰

法法本來法　無法無非法
何於一法中　有法有非法

第二祖阿難姓剎帝利斛飯王子釋迦如來之從弟慕佛出家爲佛侍者摠持第爾佛所說之法若水傳器未嘗忘逸及其欲般滅度乃以法付其弟子商那和修又囑累于末田底迦者說偈曰

本來付有法　付了言無法
各各須自悟　悟了無無法

第三祖商那和修亦曰舍那婆斯摩突羅國人姓毗舍多氏在母之胎六年生有自然之幅隨身而長出家爲阿難之徒預受佛記居優留荼伽藍先伏其地之二火龍然後領衆處之及其將入涅槃乃以法付其弟子優波毱多說偈曰

非法亦非心　無心亦無法
說是心法時　是法非心法

正宗諸賢右五位

竺大力者第二十三祖鶴勒那之弟子
也以漢獻帝之世至于洛邑後乃適吳
與康僧會相遇僧會嘗問大力曰仁者
師誰曰吾師鶴勒那僧會曰鶴勒之徒
如仁者幾何人復有過之者耶大力曰
似我者三千若其穎出但一上人耳其
號師子比丘其人嘗受正法與我師
繼世方揚化於北天竺國

第四祖優波毱多吒利國人姓首陀氏師商那和修出家得道有異迹號為無相好佛度人最衆所記其人籌數盈溢石室將入滅遂以法付其弟子提多迦說偈曰

心自本來心　本心非有法
有法有本心　非心非本法

第五祖提多迦摩伽國人其姓則未詳初從毱多尊者出家行化至中印土會大仙者彌遮迦自説夙縁求爲其徒及將入滅乃以法付彌遮迦説偈曰

通達本心法　無法無非法
悟了同未悟　無心亦無法

第六祖彌遮迦中印土人姓則未詳初厭仙術求師提多迦出家學佛既而證果行化至北天竺得異人婆須蜜爲其說佛昔嘗記汝將紹祖位即攝受爲之弟子將般涅槃乃以法付婆須蜜說偈曰

無心無可得　說得不名法
若了心非心　始了心心法

佛䭾跋陁天竺人也本姓釋迦氏甘露飯王之後也初會秦僧智嚴於罽賓國乃懇請跋陁偕來諸夏傳授禪法初至長安其後乃之廬山遂出其禪經與遠公同譯譯成遠公爲之序嘗謂遠公曰西土傳法祖師自大迦葉直下相承凡有二十七人其二十六祖近世滅度名不如蜜多者所出其繼世弟子曰不若多羅者方在南天竺國行其教化達磨未繼世作祖故未称之故其禪經曰佛滅度後尊者大迦葉尊者阿難云云乃至不如蜜多羅諸持法人以此慧燈次第相傳我今如其

所明而說是義所聞者即達磨多羅也後爲二十八祖故遠公叙曰達磨多羅西域之雋禪訓之宗寶林傳所謂跋陁嘗與遠公言其傳法諸祖世數固驗於禪經矣愚考其删譯禪經之時乃先於付法藏傳六十二年而已有二十八祖而付傳輙出魏氏毀教之後但列二十四世妄斷其相付法人於此便絕反于禪經豈其欲有所欺乎愚正宗論嘗指其傳之非詳矣然其謬書可焚也

第七祖婆須蜜北天竺國人姓頗羅墮氏始常服淨衣持一酒器神氣自若人皆不測及遇弥遮迦願其風因遂投器從之出家證道納戒行化至迦摩羅國以論議服佛陀難提爲之弟子將入涅槃乃以法付之說偈曰

心同虛空界　示等虛空法

證得虛空時　無是無非法

第八祖佛陀難提迦摩羅國人姓瞿曇氏生而頂有肉髻性大聰明能一覽悉記其齒已四十歲會婆須蜜來其本國乃慕其說法從之出家得道納戒亦務遊化至提伽國得奇人伏馱蜜多為之弟子臨般涅槃乃以法付之說偈曰

虛空無內外　心法亦如此

若了虛空故　是達真如理

第九祖伏馱蜜多提伽国人姓毗舍羅氏生已五十歲矣口未嘗言足未嘗履遇佛陀難提至其舍父母將以見之既見難提忽自發語讚其前而行即願從師出家尋亦成道戒已遊化至中印土得香蓋長者子即脇尊者也以爲弟子將滅度遂以法付之說偈曰

真理本無名　因名顯真理
受得真實法　非真亦非僞

曇摩迦羅者中印土人以魏黃
初壬寅三年至于許昌許昌
僧光璨嘗問曰西國有何勝
師以何法住持迦羅曰西土
凡有一大士一曰摩拏羅二十
二祖也一曰鶴勒那二十三祖也皆傳正
法以法住持其一化西印土
其一化中天竺國

第十祖脇尊者中印土人在胎凡十六年乃生因名難生多有異迹會佛馱難提至其國父香蓋携請之求與攝受及爲比丘修業精苦晝夜脇不至席故号脇尊者遊化至花氏國先示瑞相後果得富那夜奢出家爲之弟子及其垂滅乃以法付之說偈曰

眞體自然眞　因眞說有理
領得眞眞法　無行亦無止

第十一祖富那夜奢花氏國人姓瞿曇氏生有道性自知當遇聖師及脇尊者至其國乃詣其法會語論相契即從之出家得道遊化至波羅奈國得馬鳴爲之弟子然正合佛記及臨入滅乃以法付之說偈曰

迷悟如隱顯　明暗不相離
今付隱顯法　非一亦非二

第十二祖馬鳴波羅奈國人未詳其姓氏初從富那夜奢出家得戒其師爲說夙緣曰汝昔嘗化彼一國之人裸形如馬而其人悲鳴戀汝之德因是號汝馬鳴也遊化至華氏國遂降迦毘摩羅大魔即攝伏爲之弟子垂般涅槃乃以法付之說偈曰

隱顯即本法　明暗元不二
今付悟了法　非取亦非棄

僧祐者本齊人歸梁以持律知名嘗著出三藏記其薩婆多部相承傳目錄曰婆羅多羅二十五祖弗若蜜多二十六祖不若多羅二十七祖達磨多羅二十八祖祐尋終於梁也

第十三祖迦毘摩羅　花氏國人未詳其姓氏初爲外道有大幻術因詣馬鳴較法不勝遂爲其徒得道戒已亦遊化至西天竺降大火龍因之得龍樹爲之弟子將滅乃以其法付之説偈曰

非隱非顯法　説是真實際

悟此隱顯法　非愚亦非智

第十四祖龍樹西天竺國人未詳其姓氏大聰叡世學無所不通其國有山名龍勝其山先有神龍所居有巨樹能蔭衆龍及龍樹有所感悟意欲出家遂入其山依樹修行已能為群龍宣說佛法迦毗摩羅知其名乃來就見龍樹遂禮之為師納戒遊化至南天竺得迦那提婆垂滅度以其法付之說偈曰

為明隱顯法　方說解脫理
於法心不證　無嗔亦無喜

第十五祖迦那提婆南天竺國人姓毘舍羅會龍樹至其家及門龍樹先遣以滿鉢水置其前那提即以一針投之水中遂師龍樹出家為其高足弟子其後行化至迦毘羅國得羅睺羅多為徒將入滅乃以法付之說偈曰

本對傳法人　為說解脫理
於法實無際　無終亦無始

支強梁樓者中天竺國人也以前魏陳留王
世至洛陽與曇諦康僧鎧輩譯經因謂諸僧
曰我昔在西域嘗往罽賓國至慈塗源入其
象白山見達磨達年壽甚高謂其得法之師
師子尊者嘗為彌羅崛王起難横害光難預

以其相承大迦葉所傳佛之心印妙法付其同學達磨達同學號婆舍斯多也二十五祖也復授衣爲信其時即遣往化於南天竺國支彊自謂亦相識婆舍斯多然諸祖事迹自七佛以來至乎二十五祖婆舍斯多乃此支彊之所譯也

第十六祖羅睺羅多迦毘羅國人姓梵摩氏既遇提婆得明其家樹耳之緣即師之出家悟法有異迹其後統徒遊化至室羅筏城以佛記訪僧伽難提尊亦得其出家爲弟子將般涅槃乃以法付之說偈曰

於法實無證　不取亦不離
法非有無相　內外云何起

第十七祖僧伽難提室羅筏國人姓刹帝利乃其國王之子謂是昔娑羅王佛也示生王家遂於王宮落髮受戒尋出其國之名山石室修禪會羅睺羅多至其禪所因伏膺益求法要羅多即以法傳之後往摩提國尋羅多所記嗣法之者乃得伽耶舍多入滅以法付之說偈曰

心地本無生　因地從緣起
緣種不相妨　花果亦復爾

第十八祖伽耶舍多摩提國人姓鬱頭藍氏平生尤多奇迹會僧伽難提來其舍相求因師而出家納戒即得付法遊化至月支國遇鳩摩羅多爲說其家異大之緣及原吉夢鳩摩羅多即師之出家將入湼槃乃以法付之說偈曰

有種有心地　因緣能發萌
於緣不相礙　當生生不生

那連耶舍者罽賓國人也以東魏孝靜之世
至于鄴都初與處士萬天懿譯出尊勝陀羅
尼後因謂天懿曰西國諸祖二十七大士亦
受持此經然二十七祖號般若多羅其所出
繼世弟子曰達磨多羅者昔當魏明帝世正

光元年至于洛陽其人亦喜此經萬天懿曰然此大士我亦聞其當於祖位傳佛正法不悉其後復有繼之者乎耶舍遂以偈答之其說皆隱語凡自七佛至二十七祖與達磨二十八祖傳受之事蓋此耶舍之所譯也

第十九祖鳩摩羅多月支國人姓婆羅門氏夙稱不測之人以緣示生於此壽得師伽耶舍多出家傳法行化至中天竺得闍夜多爲其弟子將滅乃以法付之說偈曰

性上本無生　爲對求人說
於法既無得　何懷決不決

第二十祖闍夜多北天竺人未詳其姓氏會鳩摩羅多至其本國闡其所說業通三世感悟從之出家得法乃遊化諸國至羅閱城得婆修槃頭比丘為徒將滅以法付之說偈曰

言下合無生　同於法界性

若能如是解　通達事理竟

第二十一祖婆修槃頭羅閱國人姓毘舍佉氏在胎嘗有聖僧以其夙緣告其父母及生大異稍長從光度羅漢出家慕欽光修杜多行尋會闍夜多得傳大法遊化至那提國得摩拏羅為徒將滅以法付之說偈曰

泡幻同無礙　云何不悟了
達法在其中　非今亦非古

波羅芬多者中天竺人也以前魏廢帝齊王之嘉平二年來洛陽至晋太始三載其弟子摩伽陀復來芬多因問曰汝在西時頗遊北天竺耶或謂師子尊者無辜為其國王所害是否今復有傳法者與其相繼耶摩伽陀曰然師子害死至今二十三白有沙門號婆舍

斯多本罽賓國人先難得其付法授衣即日去之方於中天竺大隆佛事芬多謂其弟子曰我亦聞之汝言驗矣當時好事者即書留于白馬寺後有玄朗法師者得於其寺乃傳於世

此一位當在支彊之上以其所見之事在晉太始之間故次之也

第二十二祖摩拏羅那提國人姓剎帝利乃其國王之子也有大神力父王命師婆修盤頭出家已得戒付法遊化自西天竺以神通自擧至月支國得鶴勒那比丘即以法付之尋般涅槃其付法偈曰

心隨萬境轉　轉處實能幽
隨流認得性　無喜復無憂

第二十三祖鶴勒那月支國人姓婆羅門氏
在胎及生頗有異迹尋從羅漢比丘出家納戒
常於林樾誦經以夙因緣感群鶴依之故得其號
晚因摩拏羅得法遊化至中天竺國得師子比
丘爲其徒將滅以法付之復誡之曰汝往他國其
國有難而累在汝躬須畀付授無令斷絶偈曰

認得心地時　不說不思議
了了無可得　得而不說知

第二十四祖師子比丘中天竺國人姓婆羅門氏初
出家習定晚又師鶴勒那得付大法往化於罽
賓國先化正他宗者如達磨達等甚衆後得長者
子斯多除其握珠之緣遂度之出家以其夙緣特加
其名曰婆舍斯多斯多戒已師子乃謂曰適觀此國
將加難於我我豈苟免而吾所傳如來大法眼藏今付
於汝汝宜奉之即去自務傳化或有疑者即以吾僧伽梨
衣為信說偈曰　其他付法彼鄭之緣備見于本傳

正說知見時　知見俱是心
當心即知見　知見即于心

犍那者不知其西域何國人也未詳何時至諸夏唐天寶中與河南尹李常者相會常問曰天竺禪門祖師多少犍那曰自大迦葉直至般若多羅凡有二十七祖不言達磨以其為此土初祖也若通摠以西土言之乃有二十八祖也若叙師子尊者旁出達磨達四世二十二人摠有四十九祖若從七佛至此璨大師時慶三祖璨師舍利作齋一不括橫枝凡有三十一世常又問他僧曰余見祖圖或引五十餘祖至其枝派差殊宗族不定或但有空名此何以然時有六

祖弟子曰智本禪師對曰斯蓋後魏之時佛法毀廢當
時有僧曇曜於倉卒間單録諸祖名目不暇備寫懐之
亡於山谷後三十餘年當其君孝文帝之世曜出之與衆
綃綴爲付法藏傳其差悞士失事實乃曇曜之所致也然
愚嘗考曇曜輩所爲付法藏傳其文誠類單録自彌
遮多迦至乎師子羅漢凡七祖師最鈌殊無本末亦李常所
謂祖圖但空有其名者此是也

第二十五祖婆舍斯多罽賓國人姓婆羅門氏以大言不同本傳凡三出其名生有異迹既遇師子與辯其夙緣乃爲其徒師子知自有難遂預以法付之斯多即去歷中天竺南印土所化多有異事遂得南天竺國王之子不如蜜多爲之弟子與之還其前所化境將滅以法付之説偈曰

聖人説知見　當境無是非

我今悟其性　無道亦無理

第二十六祖不如密多南天竺國人姓刹帝利亦多異迹以太子從婆舍斯多出家得果尋從斯多出宮乃得付法遊化至東天竺得聖童子瓔珞出家爲徒改名般若多羅謂是大勢至菩薩垂迹將入滅乃以法付之說偈曰

真性心地藏　無頭亦無尾

應緣而化物　方便呼爲智

第二十七祖般若多羅東天竺國人姓婆羅門氏初以童子遇不如密多其聖迹既顯遂從之出家納戒得傳法印遊化南天竺國得其國王之子菩提多羅爲之弟子改其法名曰菩提達磨此後更四十餘載入滅乃以法付之說偈曰

心地生諸種　因事復生理

果滿菩提圓　花開世界起

裴休字公美自唐會昌中以兵部侍郎御史大夫同平章事號爲名相撰圭峯密師傳法碑曰釋迦如來最後以法眼付大迦葉令祖祖相傳别行於世非私於迦葉而外人天聲聞菩薩也自大迦葉至於達磨凡二十八世達磨傳可可傳璨璨傳信信傳忍忍傳能爲六祖

第二十八祖菩提達磨[illegible]南天竺國人姓剎帝利蓋其國王之子也從般若多羅出家得其付法謂是觀音菩薩之所垂迹其後六十七年乃以法來此震旦其所傳授直指人心見性成佛不資文字初至梁以其機緣不契乃往北魏止於嵩少九年方得慧可從其求道其後果以大法付慧可并衣鉢爲信乃爲此土傳法之初祖也後去少林而示滅度其傳法偈曰

吾本來茲土　傳法救迷情

一花開五葉　結果自然成

第二十九祖慧可武牢人姓姬氏三十捐世書出家尋得戒三十二以其學雖廣未師混跡於京洛遇達磨大師乃立雪斷臂請求法印果得其傳後因為易名遂為衆之所歸尋得三祖僧璨為之弟子以法付之而往鄴都償其夙累其傳法偈曰

本來緣有地　因地種花生
本來無有種　花亦不能生

第三十祖僧璨不知其何許人初以處士見慧可尊者不稱姓名因聞法發悟乃師之出家遂命今法名納戒可祖乃以法付之去隱舒州皖公山三十載方爲衆所歸尋得道信以沙彌師之道信既納戒即以法付之其後子然乃南遊于羅浮山其傳法偈曰

花種雖因地　從地種花生
若無人下種　花地盡無生

第三十一祖道信蘄陽人姓司馬氏以
潁悟得法於三祖至唐初乃居蘄
之雙峯山途中得奇童度為弟子
遂名之曰弘忍尋以法并前祖信衣
付之後乃滅度其傳法偈曰

花種有生性　因地花生生
大緣與信合　當生生不生

第三十二祖弘忍蘄陽黃梅人姓周氏生有殊相有賢者見之曰此具大人相所不及如來者七種耳師四祖道信出家納戒尋得其付法繼居破頭山(即雙峯是)教化大盛咸亨中客有盧居士自稱慧能自嶺南而來趨其法會忍祖器之以其所呈法偈遂以居士傳法并以衣鉢說偈曰

有情來下種　因地果還生
無情既無種　無情亦無生

第三十三祖慧能新州新興人姓盧氏初以至孝事母家貧以鬻薪為資因聞商人誦經乃知五祖弘忍傳佛心印遂備資與母辭去就黃梅以求其法見五祖相契竊以居士受法南還廣州落髮於法性寺得具戒後居韶陽曹侯溪大為品衆所歸方以其法普傳前祖所授衣鉢則置之於其所居之寺其後說偈示徒以顯其法偈曰

心地含諸種　普雨悉皆生
頓悟花情已　菩提果自成

其著傳之徒備見于記中

劉昫字耀遠涿州歸義人也天祐中始以軍事衙推仕及開運初授司空平章事又監修國史故其撰唐書神秀傳曰昔後魏末有僧達磨者本天竺國王子以護國出家入南海得禪宗妙法自釋迦相傳有衣鉢爲記世相付授初來至梁詣武帝帝問以有爲之事達

磨不悅乃之魏隱於嵩山少林寺而卒其年
魏使宋雲於葱嶺迴見之門徒發其墓但見
衣履而已達磨傳慧可慧可傳僧璨僧璨傳
道信道信傳弘忍弘忍傳慧能神秀昫卒於
守太保

傳法正宗記定祖圖卷第二　十葉

傳法正宗論

傳法正宗論卷第三　法三

藤州東山沙門譯　契嵩　著

第一篇

隋唐來達磨之宗大勸而義學者疑之頗執付法藏傳以相發難謂傳所列但二十四世至師子祖而已矣以達磨所承者非正出於

師子尊者其所謂二十八祖者蓋後之人曲說禪者或引寶林傳證之然寶林亦禪者之書而雜家益不取如此呶呶雖累世無以驗正吾嘗病之因採二傳竊欲質其是非及觀所謂付法藏傳者蓋作於後魏出乎真君毁佛之後梵僧吉迦夜所譯視其各傳品目而

祖代若有次第及考其文則師資授受與其所出國土姓氏殊無本末其稍詳者乃其旋採於三藏諸部非其素爾也大凡欲爲書序人世數前後必以其祖禰父子親相承襲爲之効又其人姓族州土與其事之所以然皆不失端倪使後世取信乃謂之史傳今其書

則謂之傳其事則不詳若其䠦彌遮迦多佛陀難提比羅長老至于婆修槃陀摩拏羅鶴勒那夜奢與師子羅漢者七祖師皆無其師弟子親相付受之義而佛陀難提鶴勒那與師子三祖最缺前傳既不見所授而後之傳但曰次付次有復有某比丘云云付受果不

分明詳備又何足爲之傳而示信於後世耶其傳師子比丘謂罽賓國王邪見因以利劍斬之頭中無血唯乳流出相付法人於此便絶吾謂此説大不然也嘗試評之如其爲迦葉傳曰佛垂滅度告大迦葉云我將涅槃以此深法用屬累汝汝當於後敬順我意廣宣

流布無令斷絶然則後世者既承佛而爲之祖可令其法絶乎又擲多傳謂其意欲涅槃特以提多迦未誕待其生付法方化其傳迦那提婆謂以法勝外道遂爲外道弟子所害提婆乃忍死說其夙報以法付羅睺羅方絶今師子既如擲多提婆爲之祖豈獨便死而

不顧法邪夫承如來作出世之大祖非聖人不可預焉今師子預之是必聖人也安有聖人而不知死於夙報知其死又奚肯不預命而正傳其法使之相襲爲後世之師祖邪縱其傳法相承之緣上此聖人亦當預知以告其絶苟不知其死而失傳失告又何足列於

祖而傳之乎與之作傳固宜思之假令梵本
素爾自可疑之當留其闕以待来者烏得信
筆遽爲是說起後世諍端以屈先聖可不懼
乎傳燈録曰昔唐河南尹李常者嘗得三祖
璨師舍利一日飯沙門落之因問西域三藏
僧犍那曰天竺禪門祖師幾何犍那曰自大

迦葉至乎般若多羅凡有二十七祖若敘師子尊者傍出達磨達之四世自二十二人總有四十九祖若自七佛至此璨大師不括横枝凡三十七世常復問席間耆德曰余嘗視祖圖或引五十餘祖至于支派差殊宗族不定或但空有其名者此何以驗之適有六祖

弟子號智本禪師者對曰此因後魏毀教其時有僧曇曜於倉黃中單録乎諸祖名目持之亡於山野會文成帝復教前後更三十年當孝文帝之世曇曜遂進爲僧統乃出其所録諸沙門因之爲書命曰付法藏傳（付法藏傳亦云曇曜所撰）其所差逸不備蓋自曇曜逃難已來而致然

也以吾前之所指其無本末者驗今智本之說誠類採拾残墜所成之書又其品目曰某付某果所謂單録非其元全本者也若寳林傳者雖其文字鄙俗序致頗乱不類學者著書然其事有本末世數名氏亦有所以雖欲竊取之及原其所由或指世書則時所無有

或指釋部又非藏經目録所存雖有稍合藏中之云者亦非他宗之爲余常疑其無證不敢輒論會於南屏藏中適得古書號出三藏記者凡十有五卷乃梁高僧僧祐之所爲也其篇曰薩婆多部相承傳目録記祐自序其端云唯薩婆多部偏行於齊土蓋源起天竺

流化罽賓前聖後賢重明疊耀自大迦葉至乎達磨多羅凡歷二卷總百餘名從而推之有曰婆羅多羅者與乎二十五祖婆舍斯多之別名同也（其義具於本傳）有曰弗若蜜多者與乎二十六祖不如蜜多同其名也有曰不若多羅者與乎二十七祖般若多羅同其名也有曰

達磨多羅者與乎二十八祖菩提達磨法俗合名同也其義見於本傳其他祖同者若曰掬多堀或上字同而下異或下字異而上同或本名反而別名合者如商那和脩曰舍那婆斯之類是也此蓋前後所譯梵僧其方言各異而然也唯婆舍而下四祖師其同之尤詳其第一

卷目録所列凡五十三人而此四祖最相聯屬而達磨處其末此似示其最後世之付受者也其所列員數之多者蓋祐公前後所得諸家之目録不較其同異一皆書之雜以阿難師子尊者所傍出諸徒故其繁也如祐序曰先傳同異並録以廣聞後賢未絶製傳以

補闕然其大略與寶林傳傳燈録同也若祐公者以德高當時推爲律師學而有識而人至于今稱之然其人長於齊而老於梁所聞必詳今其爲書亦可信矣以之驗師子比丘雖死而其法果有所傳婆舍而下四祖其相承不謬不亦大明乎傳燈所載誠有據也嗚

呼祐之書存于大藏周天下其幾百年也而未始得其所發將古人之不見乎而至人之德其晦明亦有數耶然吾考始譯斯事者前傳皆曰初由中天竺國沙門號支疆梁樓嘗往罽賓國於其國之象白山會達磨達比丘其人老壽出於常數乃師子祖傍出之徒支

疆因以師子之後其法興衰問之達磨達曰如來之法傳大迦葉以至吾師子大師然吾師知自必遇害未死預以法正付我同學南天竺沙門婆舍斯多亦名婆羅多那（寶林傳云此天竺則呼爲婆羅多羅與三藏記並同此云多那蓋譯有楚夏耳）復授衣爲信即遣之其國其人方大爲佛事于彼支疆曰然我識其人也

支彊遂以前魏陳留王曹奐之世至于洛邑初館白馬寺時魏室方危奐憂之數從問其興亡支彊皆以隱語荅之因會沙門曇諦康僧鎧輩譯出衆經及諸祖付受事迹傳于中國以此驗知中國先有祖事非權輿於付法藏傳耳然支彊譯出其事至乎拓跋燾誅沙

門歷百九十餘年矣而支疆之説固已傳於世也吾料其百九十餘年之間必復有傳其事而東來者祖數益添已不止於二十五世矣但不辨其傳來何人耳（吾近以禪經驗當時添祖數必矣）蓋吉迦夜曇曜當其毀教之後資舊本先爲其書雜衆經以其國勢揚之其時縱有私傳其事者

固不如曇曜所發之顯著也後之人不能尋其所以徒見其不存於藏中即謂曲說又後世天下數更治亂雖復得之者或南北相絶或歲月益遠其書既素無題目或譯人之名亦亡以之爲書者復文詞鄙俚鯑說過當故今學者愈不信之又云有罽賓沙門那連耶

舍者以東魏孝靜之世至鄴而專務翻譯及高氏更魏稱齊乃益翻衆經初與處士萬天懿譯出尊勝菩薩無量門陀羅尼經因謂天懿曰西土二十七祖亦尊此經復指達磨其所承於般若多羅謂此土繼其後者法當大傳乃以識記之復出已譯祖事與天懿正之

而楊衒之名系集亦云耶舍嘗會此東僧曇啓者于西天竺共譯祖事爲漢文譯成而耶舍先持之東來然與支疆之所譯者未嘗異也夫自七佛至乎二十五祖婆舍斯多者其出於支疆之所譯也益至乎二十七祖與二十八祖達磨多羅西域傳授之事迹者盖出

於耶舍之所譯也推實林傳燈二書至於曇曜其始單録之者其本皆承述於支彊耶舍二家之説也但後世人〻筆削異耳曰支彊何以得如此之詳耶曰支彊中天竺人也其去師子尊者之世至近而相見婆舍斯多又得與達磨達論之故其所知備也若出三藏

記者蓋別得其傳於齊梁之間耳僧祐曰薩婆多部源起於天竺而流化於罽賓罽賓國者蓋師子祖所化之地亦其遇害于此祐之言詳也又曰此部偏行於齊土者祐齊人也是必西人先達磨東來而傳之於齊祐於其國遂得之爲書但亡其譯人之名耳不然則

祐何從而傳耶苟謂震旦禪者爲之而祐之
時何嘗稍有達磨之徒耶又何出乎薩婆多
部而律者書之乎大凡辨事必以理推必以
迹驗而然後議其當否反是雖有神明如蓍
龜將如之何昔神清譏禪者迺曰達磨聞其
二弟子被秦人擯之廬山乃自來梁梁既不

信以望氣遂之于魏因引師子尊者死時當此齊世而達磨遣二弟子適屬乎晉遂以其年代相違而折之夫師子之死也乃當前魏廢帝齊王之世以甲曆計之當在丁卯寶林傳悞云己卯齊王者亦魏王曹芳所封之號也清輒以為後之南齊注清之書亦曰南齊其所謂被擯於秦人者蓋佛馱跋陀也跋

陀誠達磨法門之猶子也謂聞其被擯遂自來梁夫祖師所來乃順大因緣以傳佛心印豈獨以二弟子被擯而至耶此言非理清安可輙取以資其相非然斯不足裁也若清曰但祖師之門天下歸仁焉禪德自高寧俟傳法然後始爲宗教者歟清之言苟簡也昔如

來將化謂大迦葉曰吾以正法眼付囑於汝汝宜傳之勿使斷絶然則大聖人欲其以正法相承自我爲萬世之宗以正衆證以別異道非小事也今曰寧俟傳法以爲宗教豈吾徒之謂乎而必執付法藏傳以辨二十八祖者謂後世之曲説又不能曉達磨多羅是其

法俗合名以謂非今菩提達磨者何其未之
思也夫讀書不能辨其道之真僞究其事之
本末曷異乎市人鬻書雖更萬卷何益其所
知清自謂能著書發明而學也如是之不詳
豈謂高識乎若寶林傳其所載諸祖之傳受
相承名氏異同與其所出之國土者大體與

他書同果是也吾有取焉但其技細他緣張皇過當或煩重事理相反或錯悞差舛殆不可按是必所承西僧泛傳不審而傳譯之者不能裁之吾適略而不取也亦禪者朴略學識不臻乃輙文之迂䟽倒錯累乎先聖真迹不盡信於世其雖欲張之而反更弛之夫著

書以垂法於無窮固亦聖賢之盛事也安可妄爲後世之徒好欲自名竊取古人之物而競爲其說如此者何限吾常爲之太息雖不能高文慷慨皆欲刬衆煩雜使大聖人之道廓然也適以禪律諸家之書探其事實修而正之其理不當而其言冗僞者則削之其舊

雖見而不甚備者則採其所遺以廣之斷自釋迦如來至此第六祖大鑒禪師總三十四聖者如來則爲之表次聖則爲之傳及大鑒之後法既廣傳則爲分家略傳諸祖或横出其徒者則爲旁出傳其人有論議正宗得其實者則爲之宗證傳與其前後所著之論凡

四十餘篇并其祖圖勸爲十二卷命曰傳法
正宗記

第二篇（此篇并以後卷二篇是續作）

余昔引出三藏記所載四祖師者以質付法藏傳之謬遂爲書迄今七年矣然出三藏記所録者槩見耳猶恐其未能斷天下之尚諍

適睹禪經及修行地不淨觀経序而傳法衆聖果二十八祖備矣婆舍斯多而下四祖師其名昭然若揭日月僧祐所録誠有根本而吉迦夜訣傳益不足考也學者相黨其訩訩亦可息矣夫禪經者蓋出於菩提達磨而佛馱跋陀羅所譯廬山慧遠法師序之本經其序或亡出遠名唯

出三藏記見之最詳也不淨觀經其序亦宋僧慧觀之所著達磨者如來直下之相承者也佛馱跋陀羅乃佛大先之弟子而達磨法門之猶子也慧遠法師盖承於佛馱跋陀慧觀又跋陀之弟子者也其所說其祖與宗固宜詳而備之也禪經曰佛滅度後尊者大迦葉尊者阿難尊

者末田地尊者舍那婆斯（此即商那和修也）尊者優波崛（即掬多也）尊者婆須蜜尊者僧伽又（靈隱藏經於僧伽下寫為又字初即取其又字之義後見他處經寫曰僧伽羅又乃省前又字悞耳然僧伽羅义即吾宗師子祖旁出之祖也辨在吾解誣之文內甚詳）尊者摩拏羅（吾嘗辨此當是稱二十五祖婆羅多羅其謂又尊者是必以二十五祖又承二十四祖師子其相繼未嘗絕也今其經本或云達磨多羅蓋後世傳寫之悞也若達磨多羅即是其說經之人乃不若多羅傳法之弟子也豈有弟子說法而先於其師自稱尊者耶寫為達磨多羅者亦字與婆羅多羅相近故也古德亦有辨此謂是摩拏羅恐亦未然今且從先德耳）乃至尊者不若蜜多羅（但多蜜字與傳燈錄諸說異耳）諸

持法者以此慧燈次第傳授我今如其所聞而說是義若夫禪經所稱尊者大迦葉者此吾正宗之第一祖者也其曰乃至尊者不若蜜多羅者此吾正宗之第二十七祖者也與其弟子說經之者達磨多羅者乃吾正宗之第二十八祖者也以寶林傳燈衆說所謂二

十八祖者相與較其名數未曾差也禪經不以其次第而一一稱乎諸祖之名者必當時欲專說法略之而然也但示其首末之人則餘祖在乎其中可知也修行地不淨觀經序曰傳此法至罽賓（罽賓即師子祖所化之國也）轉至富若蜜多（即不如蜜多也）富若蜜多亦盡諸漏具足六通後至其

弟子富若羅（即般若多羅也）亦得應眞，此二人於罽賓中爲第一教首（按寶林傳燈云此二尊者登化東天竺南天竺，此云爲罽賓教首，必罽賓僧徒推仰其人爲承法之宗首也，或恐二人亦嘗來往罽賓國也）。富若蜜多去世已五十餘年，弟子去世二十餘年（慧觀乃跋陀弟子也，此二人同終於宋。今慧觀經序推其承法宗祖與跋陀廬山所譯並同，但其經題目稱異。又推富若蜜多富若羅二祖師入滅之年與寶林傳燈二書前後相差。詳此或慧觀於跋陀之後重譯其經之文而自序之歟。承其迻傳譌富若羅入滅以書之，或寶林慧觀所聞於西僧者其部類宗計各不同，或五竺之迻傳不的，或傳至此二年代賒遠，重經滅教，而傳寫者悞致其差舛耶。但取其承法宗祖眞正入滅之年雖稍差亦不甚妨如衆家說佛生日不等豈可便謂非吾佛也校慧皎傳云跋陀終在元嘉六年而慧觀元嘉十三年方製勝鬘經序知慧觀敍在跋陀之後）曇摩多羅菩薩（即達磨多羅也）與佛陀斯那（即佛大先者也）俱共諮得高勝宣行法本佛陀斯那化行罽賓爲第三訓首（其序亦與遠公序皆見於出三藏記第九卷）若慧觀所謂富若蜜多者亦吾正宗之二十六祖也所謂富若羅者亦吾正宗之二十七祖也所謂曇摩多

羅菩薩者亦吾正宗之二十八祖也所謂佛陀斯那者即菩提達磨同禀之佛大先者也其所謂傳此法至罽賓轉至富若蜜多者盖謂二十四師子祖始傳至于罽賓而更自二十五祖婆舍斯多展轉而至乎二十六祖矣其不必皆列乎師子斯多二祖師之名者文

欲略也但二書文字稍異或具或略與今宗門衆說小差盡其譯有楚夏耳桉慧皎高僧傳云佛馱跋陀羅受業於大禪師佛大先者也（傳或爲光字筆悞也）始在罽賓以僧智嚴所請遂與之東來初詣羅什於長安每與什議論相得甚善嘗謂什曰君所釋不出人意而致高名何邪

什曰吾年老故爾何必能稱羨談尋爲秦僧以事苟排跋陀遂來廬山遠法師爲其致書解擯因從之譯出禪經僧祐出三藏記傳跋陀亦曰於廬山與遠公譯出禪數諸經今國朝印本禪經其端題曰東晉三藏佛䭾跋陀羅譯此明其與遠公同譯是也所謂跋

陀受業於大禪師佛大先者佛大先本二十七祖般若多羅受法之弟子與菩提達磨蓋同嗣之弟兄也故遠公序禪經曰今之所譯出自達磨多羅與佛大先其人西域之儁禪訓之宗寶林傳曰佛大先乃跋陀之弟子菩提達磨始亦學小乘禪觀於跋陀後與大先

皆禀法於般若多羅若夫大小乘互爲其師弟子如鳩摩羅什般頭達多之類西域多有豈達磨等始亦稍閑禪觀於跋陀其後跋陀却悟大法於達磨耶而致二書之言如是也然彼雖小法亦恐聖人示必有師承耳若記傳謂達磨乃觀音垂跡方七歲即知四韋陀

典五明集慕法遂慱通三藏尤工定業又何必資學於人耶夫寶林傳之說與禪經誠相近但其序致似倒耳或寶林西僧傳之者未精乎以禪經斷之理無師傳其弟子之經也今跋陀傳譯達磨禪經而跋陀乃達磨之徒吾固以慧皎遠公之言爲詳推此則跋陀果

佛大先之弟子而達磨之法姪慧觀經序亦曰曇摩羅以是法要傳與婆陀羅也（婆陀羅即跋陀羅也寶林傳但稱跋陀指般若多羅現在南天竺未見其傳法寶林未可爲據）今佛馱跋陀傳其諸父之經列其祖師之名氏固亦親矣不謬也寶林傳曰佛馱跋陀嘗謂遠法師云西土已有二十七祖而不若多羅方化于南天竺國者

此其効也（不若多羅尚在達磨未繼世作祖故未稱之）佛馱跋陀傳云跋陀既爲秦僧所擯遂與其弟子慧觀等四十餘人俱發神智從谷初無異色驗此則慧觀序述其宗祖抑亦得之於跋陀也詳其序意則不淨觀經宜與禪經一也但未見其元本不即裁之考跋陀譯經之時方在晉安義熙七

八年之間而菩提達磨來梁適在普通之初其歲數相前後不啻百年是蓋達磨壽考出於常數而然也故梁武碑達磨曰厥壽百五十歲（續高僧傳亦如此云）梁帝蓋以人事而言之耳若其死葬而復提隻履西歸又安可以歲數而計其壽考邪吾嘗推跋陀譯經之年而達磨當是

方二十七歲耳酌其演說禪經固在其已前矣序曰西域之雋禪訓之宗者是必跋陀知其聖人與世有大因緣當襲禪祖預與遠公言之也然跋陀自亦不測之人宜其知達磨之聖人也若夫傳法衆聖其事迹始自支彊梁樓譯出爲書曰續法傳會拓跋燾毀教支

彊之書遂逸其後有曇曜吉迦夜董復綴成書其所載或全或缺更後世 周武唐武宗毀教其書又亡又後世者雖復採拾各以為書而全缺益差古今辨此雖衆援引煩雜皆不足斷不若以今禪經與慧觀之序證之為詳然世之所執以諍吾宗門者其最推付法

藏傳耳今考其書蓋成於後魏延興之二年而佛馱跋陀所譯禪經乃出於晉安義熙七八年之間而義熙前於延興已六十二載矣

譯禪經在義熙七八年 蓋 按僧祐出三藏記跋陀傳云至廬山自夏迄冬譯出禪經即以義熙 八年遂適荊州 慧皎高僧傳亦云跋陀至廬山停歲許復西適江陵付法藏傳後出於延興二年即見於其書之端

如此則禪經誠先見於南朝而付法藏傳後出於北朝毀教之後耳今

獨執其一方後出補亡之書以抗其先見之全本者可爲當乎說者曰支彊梁樓先作續法傳元有二十五祖至婆舍斯多謂傳法之人不自師子比丘即絶又曰吉弗煙與曇曜同時別修此爲五明集蓋廣乎付法藏傳者也吉弗煙亦吉迦夜也亦謂有二十七世不止於師子祖而已矣其所以缺

者蓋曇曜初遇魏武毀法之難倉卒單録弃竄山澤而亡之也以今禪經與慧觀之序所備二十八祖驗其所謂元有之者果是而相傳不謬也其過誠由曇曜之所致也五明集亦不復見雖有稍得之者或別命其名目如寶林傳聖胄集之類又不列譯人之名氏後

世復不能考其實但以曇曜先綴集者輒與吉迦夜兩出其名然迦夜之書非其正本固可見矣學者不識但涀其書曰師子比丘爲罽賓國王邪見因以利劒斬之頭中無血唯乳流出相付法人於此便絶乃以爲然殊不料昔之學輩黨宗故爲此説相幾以起後世

者不信假令其實無相付法之人而識者直
筆但不書其承法之者而人亦自見其闕矣
何必輒書其便絶耶然其言酷且俗誠滅教
之後不逞者幸其前傳亡本因師子之事而
妄為之嗣託乎梵僧吉迦夜之名以行然吉
迦夜亦名吉弗煙諸家謂其嘗著五明集不

止乎二十四世以此驗付法藏傳訖之迦夜不其然乎縱曇矅當時不爲亦周武毀教之後而其人輙作必矣不爾則禪經與出三藏記皆備而此何特無耶吾謂其謬書可焚也

即付法藏傳

傳法正宗論卷第三　法三

傳法正宗論卷第四　法四

藤州東山沙門釋　契嵩著

第三篇

客有謂余曰我聞正宗以心傳心而已矣而子必取乎禪經何謂也曰吾取禪經以其所出祖師名數備有徵旨合吾正宗盧山大師

祖述正宗尤詳而慧觀之序亦然吾書乃推
以爲證耳吾非學禪經而專以爲意也客曰
祖師之名數則見之矣而廬山祖述尤詳者
何謂也曰按僧祐出三藏記所錄曰廬山出
修行方便禪經統序釋慧遠述及考其序求
其統之之意者有曰夫三業之興以禪智爲

宗有曰理玄數廣道隱於文則是阿難曲承旨詔其經本或寫爲音詔豈後世傳寫者之筆誤耳余考遠公匡山集見禪經統序實云旨詔圭峯普賢行願疏亦稱旨詔此必圭峯按周唐沙汰已前古本經序也既言曲承旨詔曲則細密之謂也若云音詔則其義豈爲微密耶慧觀法師不淨觀經序亦云幽奉聖旨不淨觀經即禪經也愚初未敢輒改大藏國本之文此後乃取旨詔爲詳請爲百世之定本也遇非其人必藏之靈府何者心無當規其變多方數無定象待感而應是故化行天竺緘之有匠幽關莫闢罕闚其

庭從此而觀理有行藏道不虛授良有以矣如來泥洹未久阿難傳其共行弟子末田地末田地傳舍那婆斯此三應真咸秉至願宜契于昔功在言外經所不辨必闇軌元匠元匠謂佛竊焉無差其後有優波崛弱而超悟智終世表才高應寡觸理從簡八萬法藏所存唯要

五部之分始自於此因斯而推固知形運以廢興自兆神用則幽步無跡妙動難尋涉麤生異可不慎乎可不察乎自茲已來感於事變懷其舊典五部之學並有其人咸懼大法將頹理深其慨遂各述讚禪經以隆其業讚禪經非經之文乃其經之法要也有曰尋條求根者衆統本運末者寡

或將暨而不至或守方而未變有曰原夫聖旨非徒全其長亦所以救其短若然五部殊業存乎其人人不繼世道或隆替廢興有時則互相升降小大之目其可定乎又遠鄙善變出處無際晦名審跡無聞無示若斯人者復不可以名部分既非名部之所分亦不出

乎其外別有宗明矣有曰今之所譯出自達磨多羅與佛大先其人西域之僞禪訓之宗搜集經要勸發大乘有曰非夫道冠三乘智通十地孰能洞玄根於法身歸宗一於無相靜無遺照動不離寂者哉今推此數端之說豈非以阿難掬多曲承旨詔待其人而密相

傳受所謂功在言外經所不辨者統吾釋迦文佛之一大教其經者律者論者其人之學是三者莫不由此而爲之至也僧祐所謂統序者此其所以然也慧皎高僧傳謂佛馱跋陀去秦而會遠公於廬山譯出禪數諸經僧祐出三藏記傳跋陀亦曰嘗與遠公譯此禪

經而遠公乃自跋陀傳其法要跋陀則受之於達磨故其序述乃如此之廣大微妙祕密者蓋發明其經主之心耳此所謂識吾正宗之詳者也大宋高僧傳論禪科曰夫法演漢庭極證之名未著風行廬阜禪那之學始萌佛馱什秦擯而来般若多晉朝而至時遠公

也密傳坐法深幹玄機漸染施行依違祖述其所曰依者謂其依法要也違者謂其違教迹也驗此而遠公傳縣要於跋陀豈不果爾耶

傳家所用佛馱般若此二人似皆至廬山則遠公密傳者果得之於誰以傳稱慧睿二傳所列亦不見有般若同至之說然傳家所引檢書悉未端審寧公亦少思之今以其譯經斷而遠公嘗傳於跋陀跋陀則禦於達磨慧觀序明之詳然其般若多似與二十七祖名相近以傳記燈則二十七祖未聞來晉亦祇藏在天竺若其聖人願必來忽往果先曾以通而爲達磨禪宗張本此在聖人則不可測也不然則密自有一般若多或諸祖支派者

先衆諍此禪旨也後或有以此事迹論請以吾注正之當遠公之時達磨未至密傳極證之說而華人未始稍聞廬山雖自得之輙發則駭衆而謗生料不可孤起會其出經遂因而發之然其說益玄與其經之文或不相類其意在其經之秘要耳不宜專求於區區三數萬文字之間而已矣若其曰阿難曲

承旨詔不類其經而首稱大迦葉者是必特欲明阿難傳佛經教之外而別受此之玄旨也不爾則何輒與經相反耶慧觀之序其大槩雖與廬山之說同而其經題目與始說經之人曖昧不甚辨吾不盡推以爲篤論但善慧觀備列祖師名數與吾正宗類又以其曰

阿難曲奉聖旨流行千載又曰曇摩羅以此法要傳與浮陀羅浮陀羅與佛陀斯那懸此旃丹無有習可師遂流此法至東州此似最近吾宗也然當慧觀之時佛法入震旦已三百七十餘載矣其所傳來者洪經大論殆亦備矣何藉一不淨觀經而爲之師耶其謂無

真習可師正以中華未始真有極證祕密之法爲此學教者之師執耳何謂禪經有微旨合吾之正宗乎曰禪經曰佛言欲求阿鼻三摩耶（元注云此是見道之名也）當作達磨摩那斯伽邏常觀其實義以聖行刀斷除陰賊莫如劣夫不能報讎爲彼所害乃至一切賢聖皆應勤修如

是正觀爲現法樂故爲後世作大明故斷一切苦本故饒益衆生故況於凡夫空無所得而自放逸不勤修習其下乃解曰達磨謂世間第一法也摩那斯伽邏謂一經心譯者義言思惟夫禪經凡二卷自初及終皆華言唯此見道與世第一法一經心者獨用梵語祕

而不譯吾意経家如是乃含佛微言特欲以
祕密感悟超援其循此而思惟道者耶故其
次此即列佛勑曰常觀真實義若其所謂當
以聖行刀斷除陰賊者按智度論云十六聖
行刀其義不離三解脫門也然三解脫門通
大小乘但以其所緣爲優劣耳大乘之三解

脫門者所緣諸法實相小乘則異於是今此
果緣真實義而使以聖行刀驗其所觀者誠
大乘之妙微密法矣又其經之勝道決定分
結句曰我以少慧力略說諸法性如其究竟
義十力智境界又其下卷之末說偈曰方便
治地行乃至究竟處無上法施主施是傳至

今其結又曰惟彼已度者然後乃究竟此豈不謂其究竟處乃佛佛妙微密心不可以情識狀唯以此證者乃相應耳此其與吾正宗合者也昔涅槃經時諸比丘既聞其離四倒之說遂更求佛久住于世以爲其教導如來將正其知見乃曰我今所有無上正法悉已

付囑摩訶迦葉是迦葉者當爲汝等作大依止猶如如來爲諸衆生作依止處智度論曰佛將入涅槃北首卧時先告阿難若今現前若我過去後比丘當自依止法夫自依止法者謂内觀身常念一心智慧勤修精進云云益教不餘依止次謂以戒經爲師及其所集

法寶藏之事涅槃後分經亦然夫涅槃所謂無上正法者乃是直指如來所證法性已付大迦葉矣欲衆學法之者依以爲其所止之處耳然資其主教法於後世非付法印使持之則何以爲之主耶今其謂已付大迦葉者豈非使其以法而執正印證乎奉教而修證者耶又其經

曰四人出世護持法者應當證知而爲依止是人善解如來微密深奧藏又曰能解如來密語及能說故是豈不然哉大論先教依止法者其意與四依相近也禪經謂大迦葉相承吾佛佛滅後以此次第傳之固亦驗矣遠公曰曲承上旨詔與夫所謂密語豈遠乎哉學

者必以心通則其付無上正法之深旨可求也此固與其經他卷以法付于王臣四部之衆者事同而意異也又大論囑累品問曰更有何法甚深勝般若者而以般若囑累阿難而餘經囑累菩薩（餘經即其論前文云法華經諸餘方等經囑累喜王諸菩薩等）答曰般若波羅蜜非祕密法（此豈不謂祕密法乃勝乎般若耶比明龍木雖經而又傳其祕密之旨必矣安可以

敕部給余奏記後益見其微意不敢輒改已奏之文畢出此實欲學者省之耳而法華等諸經說阿羅漢受決作佛大菩薩能受持用譬如大藥師能以毒爲藥若其論始尊大乎般若曰摩訶般若波羅蜜經諸經中第一大又曰般若波羅蜜名三世諸佛母能示一切法實相又曰諸法實相即是般若波羅蜜又曰除諸法

實相餘殘一切法相盡名爲魔又涅槃經曰
摩訶般若成祕密藏今其於囑累乎聲聞菩
薩衆經之後乃特曰般若波羅密非祕密法
是豈非龍木（本字避御名其下倣此）承大迦葉阿難爲傳法
大祖而經外又直得其實相欲席此而稍發
之耶不爾何輙以大般若而爲非祕密法乎

吾研其能以毒爲藥之喻者益見其玄旨有在此又未易以教部斷之其論又云以細微妙虚妄法治辭如有毒能治衆毒又古德云四教皆是權巧化物乃引經云空拳誑小兒爲證此可求其以毒爲藥之義也若遠公序曰阿難曲承旨詔遇非其人必藏之靈府又曰功在言外經所不辨是亦龍木之意耳曰予前謂涅槃付囑摩訶迦葉者乃傳其秘密之法與此

囑累阿難不亦同矣何故涅槃之時不皆言
耶曰阿難在弟子爲次又專傳佛經論苟越
次顯稱阿難則不別乎經外而曲有所傳也
指之迦葉乃專乎付長而所以尊其祕密心
傳之謂也雖囑之阿難當此固亦在而不言
耳傳燈録曰并勑阿難副貳傳化豈非專在

乎大迦葉耶然此大經大論與夫禪經所謂
佛滅度後尊者大迦葉尊者阿難乃至尊者
不若蜜多羅諸持法者以此慧燈次第傳受
又與乎遠公慧觀二序曰阿難曲承旨詔藏
之靈府遇其人而後傳者固亦同矣今以此
五者之說而驗乎寶林傳燈所謂如來將化

乃命摩訶迦葉云吾以清淨法眼涅槃妙心實相無相微妙正法今付於汝汝當護持幷勑阿難副貳傳化無令斷絕又近世李令公尊勗《廣燈録》稱大迦葉謂阿難曰婆伽婆未圓寂時多子塔前以正法眼藏密付於我我今傳付於汝而其本末何嘗異耶古今所謂

言教之外其別傳正法者豈不灼然至是乎
客曰子所推詳也且若禪經所見但三十七
品四念處此皆小乘行相耳而子謂其出於
菩提達磨豈其宜耶吾甚疑之何如曰夫三
十七品四念處者固通乎大小乘子且善聽
按智度論曰佛說四念處乃至八聖道分是

摩訶衍三藏中亦不説三十七品獨是小乘法又曰六波羅密三十七道法中生過去未來現在十方諸佛是故須菩提菩薩欲得阿耨多羅三藐三菩提佛世界成就衆生當學六波羅密三十七道法又曰佛告須菩提菩薩摩訶薩如是學爲學六波羅密爲學四念

處如是學爲學盡諸學道如是學爲學佛所行處如是學爲開甘露門如是學爲示無爲性須菩提下劣之人不能作是學佛意其如此也孰謂三十七品四念處唯是小乘行相乎今菩提達磨方以大菩薩僧傳法爲祖演禪經行其大乘之法正其宜矣又何疑哉借

令四念處唯是小乘之道而其論又曰須菩提菩薩如是學一切法中得清淨所謂聲聞辟支佛心又曰菩薩如是爲了知一切衆生心所趣向又曰三十七品是聲聞辟支佛涅槃道佛勸菩薩應行是道如此則菩薩亦得以聲聞法而進人明矣今禪經演之豈不奉

佛意耶何爲而不可也況其末果以小乘而待人乎夫禪經乃達磨祖師初以方便教化乎三乘之修行者欲因其淺而導之深耳其經云如來境界不可思議此之例是也遠公序曰撮諸經要勸發大乘詳矣曰若爾則禪經首列乎傳法諸祖豈古諸祖亦傳乎經教

耶曰是也古之傳法所以證其行教也而以教入道者必以祖師所傳爲之印正矣禪源詮謂傳法諸祖初以三藏教乘兼行後之祖師觀機乃特顯宗破執蓋更單傳其心印也客曰吾又聞般若多羅唯以大法藥付之達磨令其直接上機乃在乎經教之外不立文

字直指人心成究竟覺未聞其復循大小乘行相以爲其說乎曰然般若達磨之付受者此誠佛祖之正傳者也然學者亦當更求先聖躡累之本末究其行化機宜之意也不應自執其一時之言而相發難夫以大法藥直接上機不立文字直指人心成究竟覺者此

蓋般若多羅初誡達磨宜遊方觀機以行其正傳之法耳意謂須其滅度後般若多羅滅度之後也更六十七年震旦國始有上機者與達磨緣會其時乃當施大法藥直接此機之人也今禪經自達磨未入中華百餘載已前方在西域以其正傳之時未至上機者少且順彼人機方

便傳大小乘而義說之耳寶林傳亦云達磨先在南天竺以小乘法化道若干人此亦達磨且行其前所謂菩薩為盡諸學道為了知一切衆生心所趣向者也而祖師之遺非止乎是而已矣若其不立文字直指人心而接上機者禪經亦但蘊之而未始發及其時適至達磨乃翻然東來乘震旦有大乘

學者遂大振於梁魏之世矣。學者淺悟，徒見其在文字談説三乘止觀，即謂非菩提達磨之言，何其易也。若禪經，其勝決定分結句云：我以少慧力略説諸法性，如其究竟義，十力智境界。此蓋祖師自謙意，謂今經乃我聊略説此法性耳。若其究竟之理，則佛之境界祕密微妙非文字義說可宣祕密傳妙證可以至矣又其經之末說偈曰方便治地行乃至究竟處最上法施主施是傳至今其結句又曰惟彼已度者然後乃究竟其曰方便治地行者乃其且以義而演禪經之謂也其曰乃至究竟處者蓋其正傳大法直

接上機之謂也其曰最上法施主施是傳至今者乃達磨自謂其承佛所傳而迄至于今也其曰唯彼巳度者然後乃究竟者蓋謂此法祕密無言無示難信難到唯是以此巳證之者然後乃知其所以爲究竟也如此其意豈非經之外而自有旨哉豈非不假文字而

待人直以心證乎洎乎遠公承達磨之徒而密傳之乃序禪經曰阿難曲承旨詔遇非其人必藏之靈府又曰功在言外經所不辨又曰若斯人也無聞無示別有宗明矣如此而遠公所得亦何嘗在乎經教語言文字之間耶嗚呼末學寡識安知古德先傳此禪經乃

達磨正統之張本也得以為吾宗衰微之明證乎曰他宗之師亦有名乎達磨多羅者今子謂達磨多羅即禪宗之菩提達磨何以為之正耶曰吾前論以禪經二十八祖數證之已詳又遠公序曰達磨多羅西域之雋禪訓之宗此非吾祖師誰歟他宗之同名者安得

輒預此耶然其發揮禪經者乃跋陀三藏與盧山大師而慧觀亦預焉此三人者皆謂其具大乘圓頓之意其言豈謬乎若遠公者乃古今天下所謂安遠者也吾佛教大盛於中國蓋自此二公之始尤大法師也吾嘗謂遠公識最高量最遠其爲釋子有文有質儀形

僧實而其風烈卓然乃爲儒之聖賢百世景伏在古今高僧遠公絶出是盖不可測之人也跋陀尊者該通三藏尤殭記在西域謂慱極其内外經書號爲異僧僧肇乃尊曰大乘禪師慧觀其義學才俊當時與生肇融叡等夷亦古有名之法師也而其三人者如此皆

尊夫禪要而達磨之道恐亦至矣吾又聞智度論曰禪最大如王言禪則一切皆攝佛菩薩諸三昧及佛得道捨壽如是等種種勝妙功德皆在禪中而它卷又謂此義曰解脫禪三昧皆名爲定定名爲心其所謂心者乃諸禪祖之所傳者也古者謂禪門爲宗門此亦

龍木祖師之意耳亦謂吾宗門乃釋迦文一佛教之大宗正趣矣但其所謂宗門之意義者散在衆經隱覆古今未始章章見于天下也吾平日嘗考此斷自如來付法入滅而來所見於大藏之間者適旦以遠公統序與禪經智度論涅槃經四者之説推其奥旨而驗

覈之然斯佛法大事豈余下士而輒以臆裁
幸且發乎前世賢聖之所蘊耳識者以謂何
如若遠公曰夫三業之興以禪自爲宗是豈
非謂禪爲經律論三學者之所宗乎又曰每
慨此大教東流禪數尤寡三業無統斯道殆
廢是豈非謂戒定慧必統於禪要乎又曰達

節善變出處無際晦名寄跡無閑無示若斯
人者不可以名部分既非名部之所分亦不
出乎其外別有宗明矣是豈非謂聖乃達節
變而通之純以密證妙用別爲衆部之宗乎
又曰八萬法藏所存唯要是豈非謂雖佛八
萬四千法聚莫不以此密傳極證爲之真要

乎又曰尋條求根者衆統本運末者寡或將暨而未至或守方而未變是豈非謂其先末而後本惡夫學者之倒錯執方而不知圓變乎又曰原夫聖言非徒全其長亦所以救其短是豈非謂佛之聖言不唯全其妙本之優長亦乃極救其徇末者之暗短乎又曰此三

應真咸冥契于昔功在言外經所不辨是豈非謂迦葉阿難與掬多者（却以迦葉掬多而釋乎三應真者廣其冥契之意耳）曲奉默傳皆契合乎吾佛昔之妙微密心而超然出乎經教之外耶禪經摩那斯伽邏一經心祕而不譯者其下曰乃至一切賢聖皆應勤修如是正觀是豈非謂大凡其人預吾教者

盡當務此秘密極證乃爲之正見乎涅槃曰我今所有無上正法悉以付囑摩訶迦葉是迦葉能爲汝等作大依止是豈非謂而今而後皆可依止乎迦葉無上妙微密法而爲之正乎又曰四人出世護持法者應當證知而爲依止是四人即名如來何以故能解如來

密語及能詮故是豈非謂代代四依之人出世者乃據是妙心密語以為後之明證乎若智度論曰般若波羅蜜非祕密法者其言亦驗在禪中矣適且略之不復解也校此則大聖人遺意豈不果以妙微密清淨禪為其教之大宗也欲世世三學之者資之以為其入

道之印驗標正耶古者命吾禪門謂之宗門而尊於教迹之外殊是也然此禪要既是吾一佛教之宗則其傳法要者三十三祖自大迦葉至乎曹溪乃皆一釋教之祖也而淺識者妄分達磨曹溪獨爲禪門之祖不亦甚謬乎夫道固無外法與文字未始異也孰爲表

裏但旦略其言方語本十二部之云云者直截以全心性人盖提本以正其迹示親以別其跡也使其即玆極證不復弊其毫髮迂曲矣然此未易以口舌辨未可以智解到猶圓覺曰但諸聲聞所圓境界身心語言悉皆斷滅終不能至彼之親證所現涅槃豈不然哉

昔馬鳴曰離念境界唯證相應故龍樹曰不可說者是實義可說者皆是名字斯亦二祖師尊其心證之親審以別其循迹而情解者也欲人範此而爲之正矣隋智者稱如來嘗命諸弟子使各述其昔爲維摩詰所訶之言而佛乃默印正之然此固與淨名默印乎三

也三大士之聖說法者同世校是則大聖人果以其正宗默證微密遺後世為其標正印驗者固亦已見於佛之當時矣學者亦可尊而信之也嗚呼今吾輩比丘其所修戒定慧者孰不預釋迦文之教耶其所學經律論者孰不預夫八萬四千之法藏乎乃各私師習

而黨其所學不顧法要不審求其大宗正趣反怨乎達磨祖師之所傳者謂不如吾師之道也是不唯遺叛佛意亦乃自昧其道本可歎也夫若今禪者之所示或語或默或動用皆先佛之妙用也但不可輒見雖其本源有在吾省煩不復發之然此妙用恐聖意獨遺

屬吾密傳之宗乃得發明耳何則以其相宜故也不然奚自達磨祖師已來而其風大振耶經曰正言似反誰其信者昔龍樹祖師大論所現曰持戒皮禪定肉智慧骨微妙善心髓夫微妙心者亦其承佛而密傳者也及達磨祖師品其弟子所證之淺深乃特引之曰

汝得吾皮得吾肉得吾骨汝得吾髓於此而佛之心印盖効也其不言戒定慧妙心與其義者此故略之而存其微旨耳其後垂百年隋之智者顗禪師因其申經乃更以義而分辯此四者之說至乎微妙善心髓謂是諸佛行處言語道斷心行處滅不一不二微妙中

道也然而龍樹達磨其道及智者論之而益尊且辨矣斯心微密真所謂不可思議也非言非默識識所不及也智知所不到也吾少嘗傳聞於先善知識謂道欲云四大本空五陰非有而我見處無一法可得言語道斷心行處滅而達磨曰汝得吾骨及二祖拜已歸

位而立乃曰汝得吾髓言乎其尤極矣祖師之言也兹所以爲縣學之宗也唐僧神清譏禪者輙曰其傳法賢聖閒以聲聞如大迦葉雖即迴心尚爲小智豈能傳佛心印乎清何其不思耶涅槃曰我今所有無上正法悉已付囑摩訶迦葉如清之言則大聖人乃妄付

其法耳此吾記内拒之已詳不復多云驗神清淺謬不及智者之藩籬遠矣世稱神清善學豈然學所以求大道路所以通天下及其迷學而蔽道迷路而忘返夫學與路亦爲患矣故至人不貴多學不欲多岐也而後學之者愚陋或妄評乎達磨祖師所謂得吾髓者

何其瀆亂夫智者之訴耶

第四篇

客曰教既載道何必外教而傳道耶又聞夫圓頓教者教與證一也今乃教道相異豈爲圓乎哉曰子未心通宜善聽之古所謂教證一者蓋以文字之性亦有空分與正理貫耳

非謂黄卷赤軸聞言聲字色擬然之有狀者
直與實相無相一也若夫十二部之教乃大
聖人權巧應機垂迹而張本且假世名字語
言發理以待人悟耳然理妙無所教雖説及
而語終不極其所謂教外别傳者非果别於
佛教也正其教迹所不到者也猶大論曰言

似言及而玄旨幽邃尋之雖深而失之逾遠其此謂也昔隋之智者顗公最爲知教者也豈不曰佛法至理不可以言宣豈存言方語本十二部乎按智度論曰諸佛斷法愛不立經書亦不莊嚴語言如此則大聖人其意何嘗必在於教乎經曰我坐道場時不得一法

實空拳誑小兒以度於一切是豈非大聖人以教爲權而不必專之乎又經云修多羅教如標月指若復見月了知所標畢竟非月是豈使人執其教迹耶又經曰始從鹿野苑終至跋提河中間五十年未曾說一字斯固其教外之謂也然此極且奧密雖載於經亦但

說耳聖人驗此故命以心相傳而禪者所謂教外別傳乃此也當是可謂教證一乎非耶圓哉非圓歟曰夫十二部者皆佛實語豈盡權而果可外乎曰汝悟乃自知之也曰若古之禪德者有盡措經像而不復務之何謂也曰此但毀相泯心者亦猶經曰唯除頓覺人

并法不隨順吾前所謂初諸祖師亦兼經教而行之者佛子自宜以此兩端量力而處之可也若祖師以正宗而入震旦與乎義學之者息其爭鋒競銳之心者有之矣與乎學者宜指其心而免其章句之勞者有之矣與夫學者它悟而正驗其是否者有之矣與其專

以正宗而淂法壽者五百餘載其人固不可勝數也而如來遺後世標正印驗其微盲不亦效乎祖師德被於世其亦至矣然正宗至微至密必得真道眼乃見苟以意解而強辯雖益辯益差也吾無如之何龍樹論曰若分別憶想即是魔羅網不動不依止是則爲法

印待子潔清其分別戲論之心始可信吾教外所傳乃真佛法印也曰既謂教外別傳則與教不相關也而子必引涅槃之言爲據豈其宜耶曰然其意雖教外別傳而其事必教內所指非指自佛教之內則何表乎佛於教外而別有所傳者耶故如來示其事於垂終

之言耶謂其妙心吾已嘗傳之矣孰謂不與教相關耶而吾引涅槃不亦然乎遠公曰既非名部之所分亦不出乎其外別有宗明矣此言可思也曰子謂必世世傳受心印求以爲標正印驗何古之相承者至乎曹溪而其祖遂絶耶曰祖豈果絶乎但正宗入震旦至

曹溪歷年已久其人習知此法其機緣純熟者衆正宗得以而普傳雖其枝派益分而累累相承亦各爲其祖以法而遞相標正印驗何嘗缺然亦猶世俗百氏得姓名爲其家而子孫相承繼爲祖禰則未始無也但此承法雖有支祖而不如其正祖之盛也曰吾以敎

而亦能見道何必爾宗所傳乃以爲至乎曰子必以教而見道是見說也非見道也夫真見道者所謂窮理者也窮則能變變則能通善其變通乃爲見道也夫變而通之者其始發於吾之正宗耳佛子苟能變通即預乎吾宗矣何謂何必爾宗乃爲至耶況子輩未始

知變豈爲見道乎遠公曰或將暨而不至或
守方而未變蓋子之謂乎若其世世之帝王
公侯卿士大夫儒者之聖賢服膺而推敬此
宗門者不可殫紀其略如吾宋之　太宗
真宗皆閱意最深而　章聖皇帝爲之修心
詩曰初祖安禪在少林不傳經教但傳心後

人若悟真如性密印由來妙理深迄于今也而上留神益專以此爲偈爲頌方布滿天下又益爲祖師傳法授衣之圖以正其宗祖者也唐書曰（劉昫唐書也）達磨本以護國出家入南海得禪宗妙法自釋迦文佛相傳有衣鉢爲記以世相傳受裴相國休爲唐之圭峰傳法碑

曰釋迦如來最後以法眼付大迦葉令祖祖相傳別行於世非私於迦葉而外人天聲聞菩薩也自迦葉至于達磨凡二十八祖達磨傳之又至于能爲六祖矣昔李華吏部嘗習知乎天台止觀及湛然禪師與諸僧命李爲左溪朗師之碑而其文首引菩提達磨謂二

十九世相承大迦葉傳佛心法未聞有非之者而隋之智者顗公亦嘗引此禪經四隨之義以證其教之四悉檀者若智者特能區別四教乃不世之大法師也苟曇摩多羅其道不至其人非祖彼豈肯推其言而爲據乎求嘉大師玄覺本學天台三觀義解精修其殆

異僧也其學三觀所證見天台四教儀及求臺集及其著證道歌乃曰明明佛勑曹溪是清涼國師澄觀大法師也其嘗謂曰果海離念而心傳圭峰乃釋之曰此即達磨以心傳心不立文字之意也禪源論祖圖云觀公嘗參問大禪德曰浮盃或曰又學于五臺亡名禪師者故其言乃爾也維楊

法慎大律師也亦曰天台止觀包一切經義東山法門是一切佛乘色空兩忘慧定雙照不可得而稱也苟吾正宗其道不大至而我朝之　三大聖人豈肯從事如是之盛耶自昔預其從者若牛頭融祖若安公秀公一行大師嵩山珪公若南陽國師江西大寂如此

諸公不可勝數皆道風天下德貫神明雖萬乘拜伏師敬而不自喜巍巍乎柱礎佛氏萬世光賁大教是亦可以卜其法之如何耳而縱其道極玄彼學者不能見之胡不稍思今至聖天子與夫隋唐諸大義學之師其所爲意者以自警乎初宣律師以達磨預之習禪

高僧而降之已甚復不列其承法師宗者蒙嘗患其不公而吾宗賛寧僧録繼宣爲傳其評三教乃曰心教義加（謂三乘經律論爲顯教謂瑜伽五部曼荼羅法爲密教謂禪宗直指人心見性成佛爲心教也）故其論習禪科尤尊乎達磨之宗曰如此修證是最上乘禪也又曰禪之爲物也其大矣哉諸佛淂之昇等妙率由速疾之門無

過此也及考寧所撰鷲峰聖賢錄者雖論傳法宗祖蓋亦傍乎寶林付法藏二傳矣非有異聞也然其所斷浮泛是非不明終不能深推大經大論而驗實佛意使後世學者益以相疑是亦二古之短也方今宗門雖衰師表者混濫鮮得其人而彼學之者有識自當尊

奉先佛聖意豈宜幸其衰乘其無人不顧其大宗大祖而瀆亂乎法門事體是可謂有識乎世書曰賜也爾愛其羊我愛其禮是亦不忘其聖人之道者也彼學之者亦少宜思之始達磨道顯於魏而梁之武帝遺魏書曰共賴觀音分化又曰聖胄大師慧遠法師序其

禪經曰非夫道冠三乘智遍十地孰能洞玄根於法身歸宗一於無相如此則達磨果聖人也以梁武之尊遠公之賢聖其所稱之亦可信矣吾見其輒以達磨而爲藏者何其不知量也昔達磨出於如來之後世而乃稱禪經者盖其採衆經始欲以佛言爲量以發後

人之信心耳故遠公序曰撮諸經要勸發大
乗此其證矣

傳法正宗論卷第四　　　法四